たのしい七宝焼 5

How to Cloisonné
電子レンジで銀七宝

長谷川淑子

美術出版社

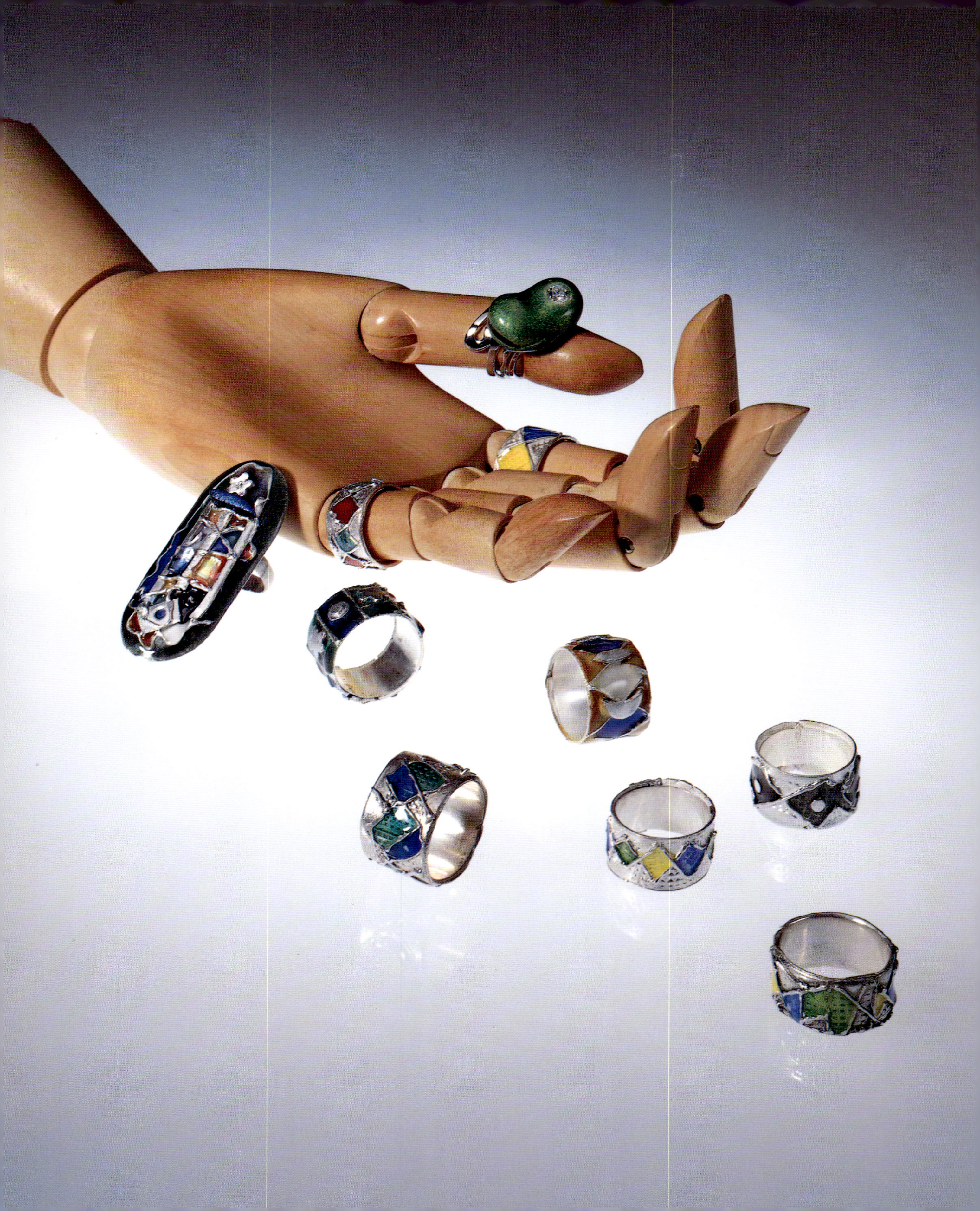

CONTENTS

はじめに 6

銀七宝を作るための道具と材料 8

あると便利な道具と材料 10

釉薬を使う前に 12

Ⅰ テクスチャーを作る
　1・ボールペンでエンボス 13
　2・刻印を使ったレリーフ 18
　3・フロッタージュ3種 21
　　　網を使って／金型を使って／金型とミルフィオリを使って

Ⅱ 刻印とデカルケのブローチ 27
　釉薬の塗り方 29

Ⅲ 刻印と有線の王冠ブローチ 32
　純銀線でハート型パーツを作る 35

Ⅳ プリント銀板のペンダント 38

Ⅴ ガラス胎七宝のポートレイトフレーム 44

Ⅵ 純銀粘土の指輪 50
　純銀粘土でシートを作る 51

銀を着色する 54

銀七宝釉薬の色 55

応用編 57

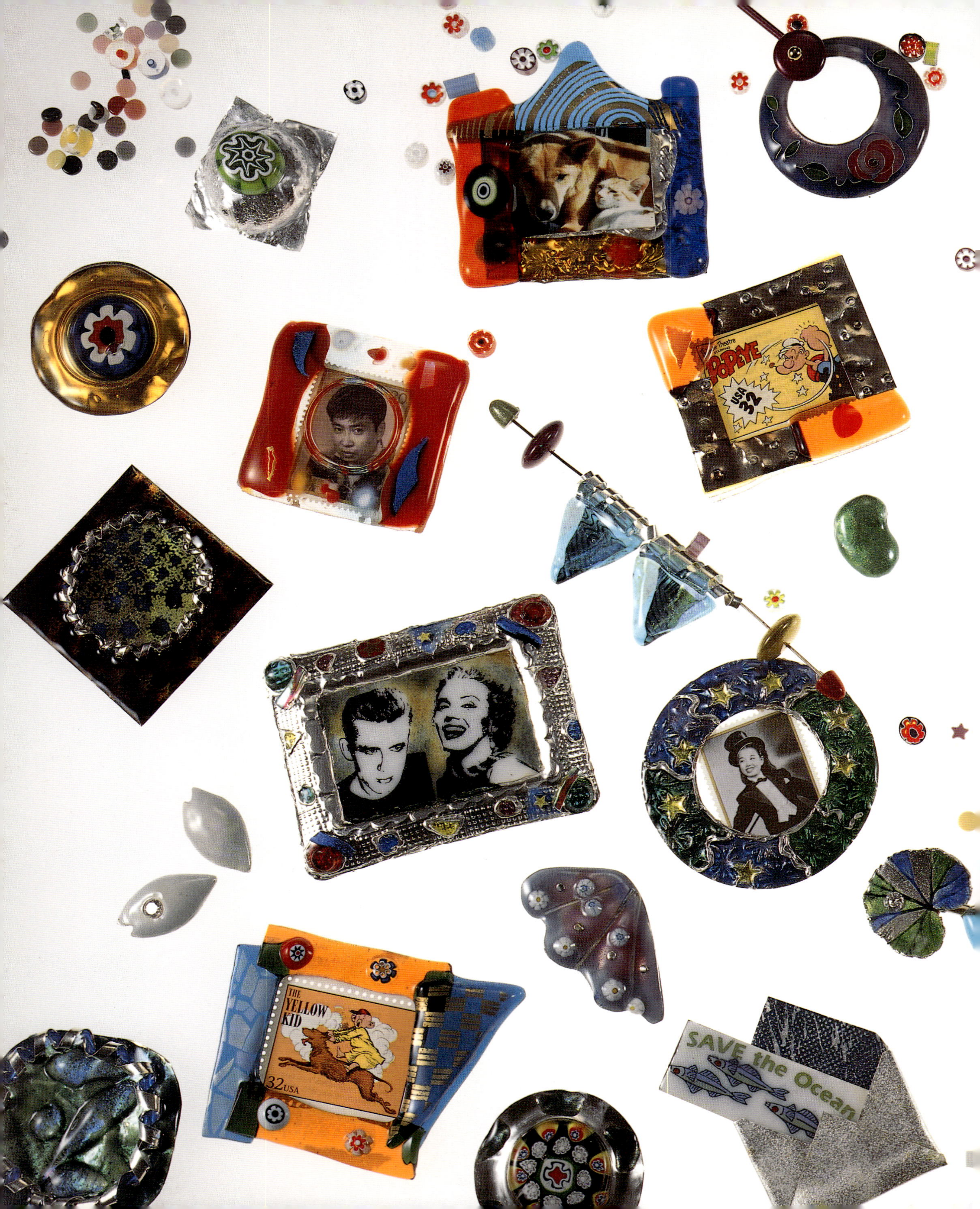
POPEYE
USA 32
THE YELLOW KID
32USA
SAVE the Ocean

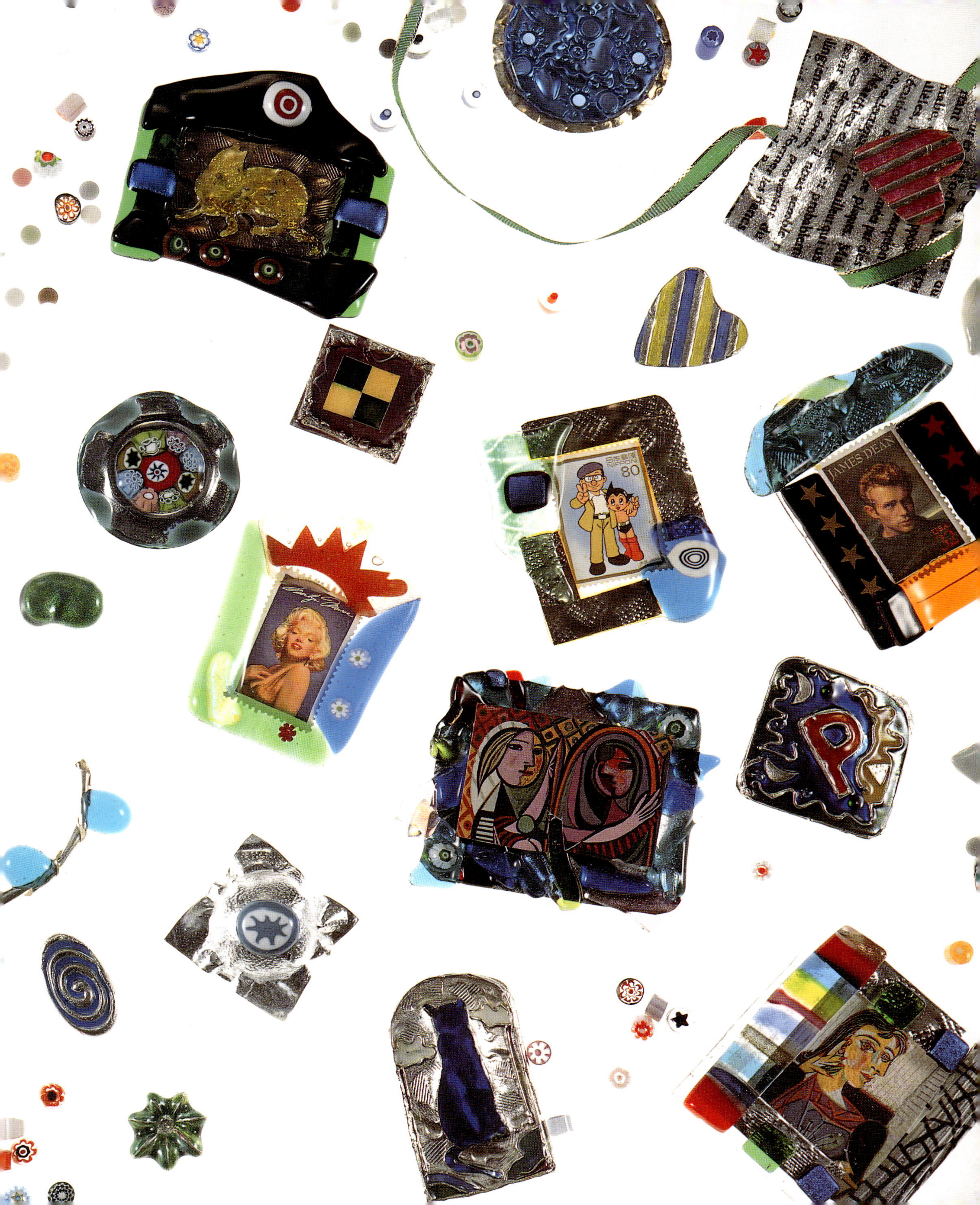
NIPPON
80
JAMES DEAN

はじめに

　前著『電子レンジでガラス胎七宝』はおかげさまで多くの方に興味をもっていただき、全国津々浦々で実際に作って下さっていることを聞き、私もたいへん嬉しく思っています。

　今回の『電子レンジで銀七宝』は、前著出版の時にすでにパート2として七宝焼を書きたいと、アイディアをあたためていたものです。七宝焼はひと頃女性の手芸としてブームになり、どこのデパートのアクセサリー売場にも七宝焼コーナーがありましたが、いまではかなり影をひそめてしまいました。30年七宝を作っていた私としてはいささか寂しい思いがします。工芸としての七宝技術のレヴェルは年々高くなってきていますが、それと同時に年齢層も上がっています。いまひとつ若い人に人気がないようです。電気炉等の用具の準備が大変なことと、どうやら辛気くさそうなイメージがあることが、取っつきにくい原因かもしれません。5000年前のエジプトからガラスと兄弟の間柄でもあった七宝焼が電子レンジで簡単に作れるとしたら、子供からお年寄りまで幅広く参加してもらえるのではないでしょうか。そんなわけでここではできる限り手軽に誰でも作れるようにと、0.2mmの薄い純銀板を使うことにしました。

純銀板の効用

　七宝焼のベースになる金属はほとんどの場合、銅を使用します。銀は銅よりも高価ですが、ここで使う純銀板は0.2mmと薄いのでさほどではありません。銅は焼きなますと酸化皮膜で真っ黒になりますが、純銀は何度焼いても美しい銀色はそのままです。ぺらぺらで薄く頼りなく感じますが、ひとたび釉薬で焼き固めると意外と丈夫です。また焼きなました後の純銀板はたいへん柔らかく扱いやすいものです。素地が薄いので電子レンジのタイマーセットも短時間で済みます。

　ここで、マイクロウェーブキルンを使った七宝焼の下地作りまでのプロセスを、七宝焼で通常使う0.4mmの銅板とこの0.2mmの純銀板とで比較してみましょう。

		銅	銀
1	空焼（手の汚れや金属の油分を焼ききる）	約20秒	約20秒
2	裏釉をふる	◎	◎
3	表釉をふる	◎	ー
4	キルンに入れレンジで焼く	20分	12分
5	銀箔を貼る	◎	ー
6	キルンで空焼	5分	ー
7	銀用白透をふる	◎	◎
8	キルンで焼く	17分	5分

　銅板の場合は、下地までに8段階の手順を踏まなければなりません。純銀板は5段階です。所要時間は銅は42分、純銀板は17分です。いかに純銀板は手間が省けてマイクロウェーブキルンで焼く七宝に適しているかがおわかりでしょう。

フュージング

　この本の中でフュージングという言葉が、作業を進めていく上でしばしば出てきます。フュージングは音楽用語のフュージョンと同義語で、融合するという意味があります。ガラスとガラスを融け合わせて溶着することをいいますが、この本では同じガラス質の釉薬をガラスの上に塗って焼くわけで、その場合もガラスと釉薬をフュージングさせる、というような言い方をします。

釉薬

　七宝焼に使う絵具のことで、一般的には鉛ガラスの粉末と呼ばれています。主成分は珪石、鉛丹、硝酸カリです。珪石は水晶の粉末で、通常1700℃以上の高温でないと融けません。鉛丹はクリスタルガラスの成分です。以上のものに溶融剤として硝酸カリを加えることにより、熱だけでは融けない水晶を融かすことができます。これらと着色剤を混ぜてるつぼで焚くと、氷砂糖のようなガラスの塊ができます。これをフリットと呼びます。このフリットを細かく粉にしたものが釉薬です。本書で使用する釉薬はメタル釉と呼ばれているもので、ガラス胎七宝の釉薬よりは溶融点が低く、柔らかいので早く融けます。

マイクロウェーブキルン（炉）

　本書で使用するマイクロウェーブキルンの外寸は直径17cm、高さ8cmで、内寸は直径11cm、高さ4.5cmのコンパクトな炉です。炉内の温度は出力500Wの電子レンジでは約10分で800℃に上昇します。このキルンはセラミック繊維を成型した断熱部分が電子レンジのマイクロ波を吸収し、それを熱に変換する電波吸収体とを組み合わせた造りになっています。最初、マイクロ波は断熱材を通過しますが、炉内の黒く塗られた部分の電波吸収体で熱に変換されると、今度は熱はおいそれとは炉の外に逃げられません。したがってガラスの場合はキルンが徐冷炉の役目をしてくれますが、七宝の場合は急熱急冷でも割れないので、釉薬が融けたらすばやくキルンから取り出してもかまいません。1回目はキルンが冷めているので時間がかかりますが、2回目からは使用したキルンに入れるので焼成時間を短縮することができます。

　七宝が融けているかどうかは、蓋の真ん中にある1cmほどの穴から見られるようになっています。目安としては、オレンジ色ならば七宝はよく融けています。まだ黒っぽければ融けていません。この穴から見える明るさの度合いで融け具合を判断するには、何度もフュージングの経験を積んで体得して下さい。この本では、作品が完成するまでの行程ごとにタイマーのセット時間を指定していますが、必ずしも、あなたの電子レンジと同じ結果になるとは限りません。電子レンジの大きさや、出力が地域によって違うことなどでも融け方が変わります。ここではすべて500Wのデータを出していますが、もし600Wならば2割減にするなどで自分のレンジでデータを取って下さい。

銀七宝を作るための道具と材料

マイクロウェーブキルン

離型シート
ガラスがキルンの底にくっつかないように、離型マットとペーパーのセットを必ず敷かなければなりません。厚手のマットを炉の内側に合わせて丸くカットし、常時敷いておきます。また離型ペーパーは焼成する銀板の大きさに合わせてそのたびにカットして使用します。

銀線
0.7×0.1mmの純銀リボン線です。銀線で形作った模様の中に、釉薬を塗って焼きつける有線七宝の技法に使います。

ミラクルグルー
銀線を糊付けしたり、釉薬を乾かしてからキルンに入れる前に、飛び散らないようにミラクルグルーで固めます。また、ミルフィオリの仮留めにも使います。

ヴィトレマイユガラス
ガラス胎七宝釉薬（前著『電子レンジでガラス胎七宝』参照）やミルフィオリ、デカルケ、純銀板を焼き込むことのできる、膨張係数105のガラスです。ガラスをマイクロウェーブキルンで焼成したら、必ず徐冷が必要ですので注意しましょう。

釉薬
純銀板に焼き込むことのできる釉薬です。ここでは銀用白透釉を含めて13色を使います。

純銀板
0.2mm厚の純銀板で、焼きなますと紙のようにぺらぺらで扱いやすくなります。また銅のように酸化皮膜が出て黒くはならないので、何度焼いても美しい銀色です。純銀は七宝釉薬の発色がとても美しく出ます。

ピンセット
銀線を折ったりレイアウトするときに使う先細の細工ピンセットです。また、小さなビーズやミルフィオリを糊付けするのにも便利です。

ホセと竹ぐし
ホセとは七宝用の筆に代わる彩色道具です。竹ばしの先をナイフで削って、釉薬を載せやすいように作ります。

あると便利な道具と材料

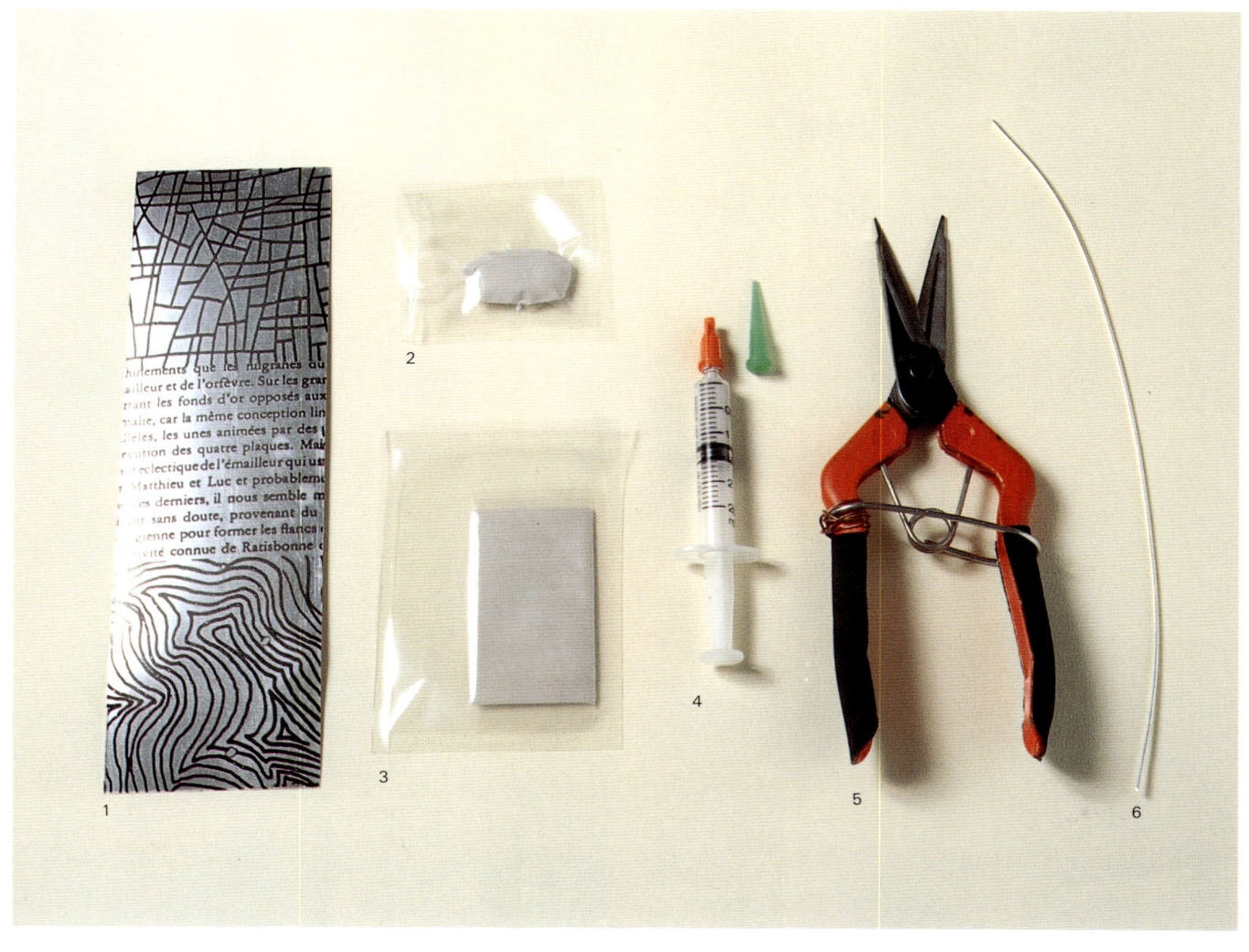

1. プリント銀板
2. 純銀粘土
3. 純銀粘土シート
4. 純銀粘土シリンジ
5. BBハサミ
6. BBふくりん

プリント銀板（特許出願中）
長谷川淑子オリジナルのシルクスクリーン銀板です。0.2mmの純銀板に模様を焼きつけています。紙のように、切ったり折ったり自由に造形して七宝を焼くことができます。

純銀粘土（シート、シリンジ）
ここで使用している純銀粘土は、アートクレイシルバーというものです。造形がしやすく焼成が簡単です。粘土をひとたび焼くと銀に変化するので、七宝とのいろいろな組み合わせが楽しめます。粘土、シート、液状になった粘土を注射器に入れたシリンジタイプ、ペーストと、種類も豊富です。

BBハサミ
七宝作家馬場廣氏考案の金切りバサミです。金属の切り口（コバ）がなめらかで、従来のハサミのように切ったあとヤスリがけする必要がありません。

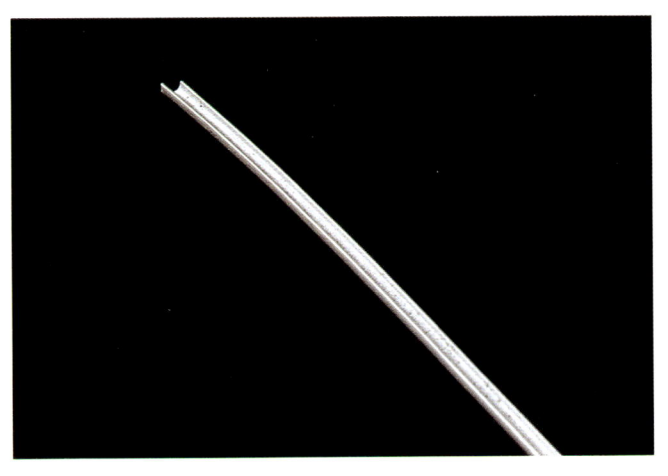

BBふくりん
同じく馬場氏考案の純銀レールふくりんです。銀板の縁回りにかぶせて巻くだけで簡単にふくりん留めができます。ここで使用している薄型以外にも、レール幅の大きなMサイズ、Lサイズがあります。

なましたBBふくりんのU字溝に、バリ取りをした七宝の縁を入れ、ゆっくりと周囲を巻いていきます。

ふくりんとシリンジを使った応用

1 プリント銀板を自由な形に切り抜き、彩色して焼成したあとに、シリンジの純銀粘土ペーストを絞り出して模様を描きます。

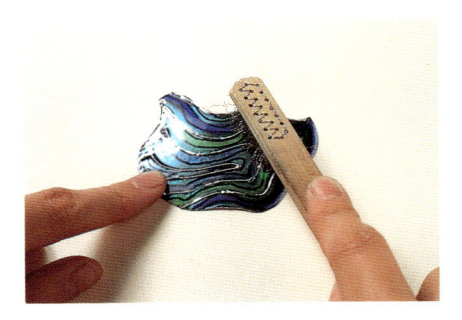

2 よく乾燥させて2度目の焼成をしたら、金ブラシで磨きます。

3 BBふくりんをとりつけます。

4 できあがりです。

釉薬を使う前に

釉薬を均一に塗るために

自分の手に合った使いやすいホセを作りましょう。
竹ばしの先を削って、写真のように釉薬を載せやすいようにします。

1 竹ばしの先を使ってホセを作ります。

2 釉薬を竹ばしの先に載せやすいようにカッターで削ります。

3 竹ばしの先を薄く平らに削って完成です。

釉薬を発色させるには

釉薬は水し(すいし)して使います。

1 釉薬を入れた器の中に水を注ぎ入れて、ホセでよく混ぜ合わせます。米のとぎ汁のように水がにごります。

2 にごった水を他の器にうつします。水がきれいになるまでこれを4、5回くりかえします。

左　まだあくでにごっている釉薬　　右　水し済みの釉薬

3 釉薬は右のように水が透明になるまで水しします。左のようににごっていては、焼いたときにきれいな色が出ません。

I テクスチャーを作る

なました0.2mmの純銀板はたいへん柔らかく扱いやすいので、この特性を活かしていくつかのテクスチャーを作りましょう。

1 ボールペンでエンボス

使い古したボールペンを使い、純銀板に裏と表の両方からしっかりと線を引くと、銀板に山と谷ができ、ストライプのレリーフになります。

※エンボス＝図案・模様などを浮き上がらせたり打ち出す技法。

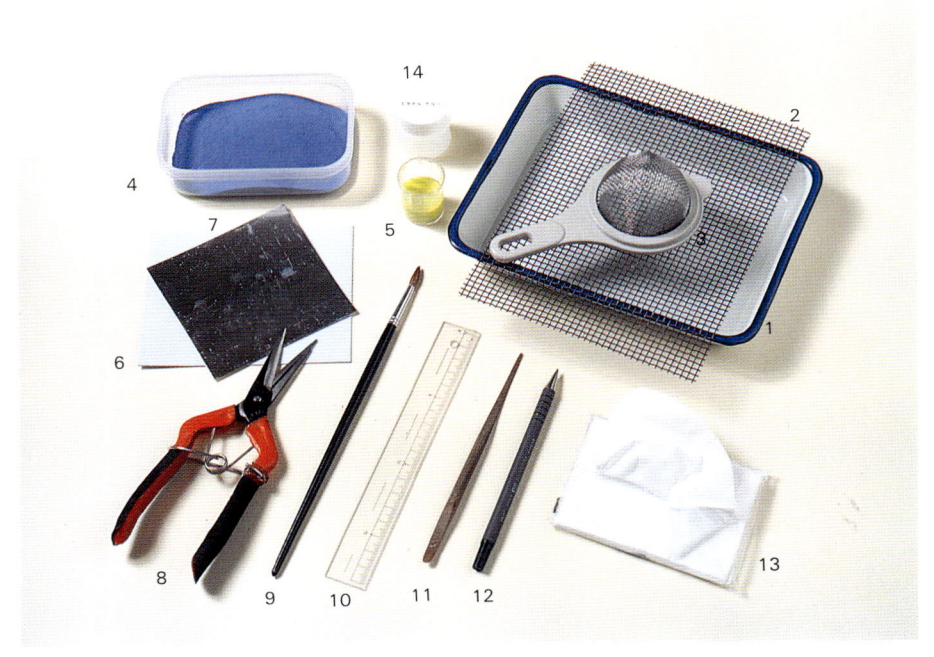

用意するもの
1. バット
2. ステンレス網
3. 振りかけ用茶こし
4. 振りかけ用釉薬（プルシャンブルー）
5. 釉薬（レモンイエロー）
6. 台紙
7. 0.2mm純銀板
8. 金切りバサミ
9. 筆
10. 定規
11. ホセ
12. ボールペン
13. ティッシュ
14. ミラクルグルー

1 10cm四方の純銀板を5cm角に4等分して、金切りばさみでカットします。

2 ガスの炎で焼きなまします。このとき、長時間火に当てていると銀板の縁が融けてしまいます。注意しましょう。

縁が融けてしまった銀板

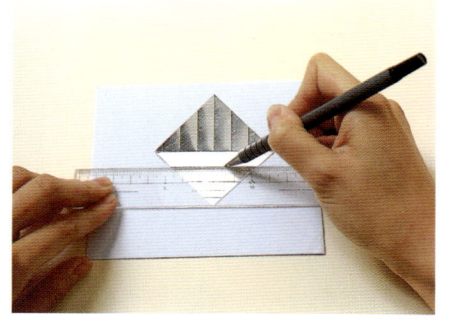

3 水性サインペンで線を引いてから、台紙の上に置き、インクの出ないボールペンで力強く線の上をなぞります。

4 銀板にくっきりと線が引けました。

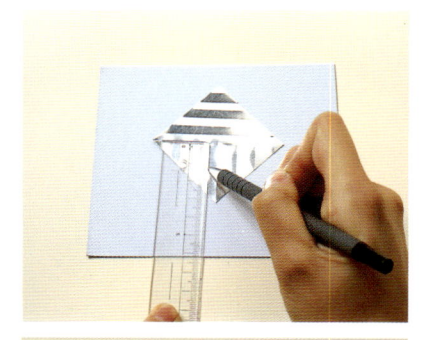

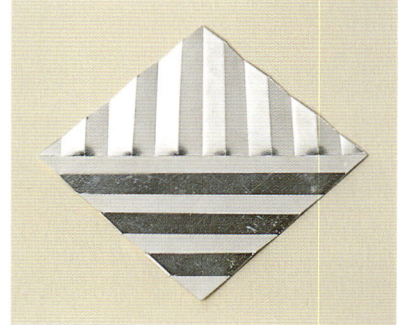

5 銀板を裏返し、今度は線と線の間にボールペンで力強く線を引きます。山と谷ができました。

6 裏側にミラクルグルーを塗ります。

7 裏釉としてプルシャンブルーを茶こしで振りかけます。

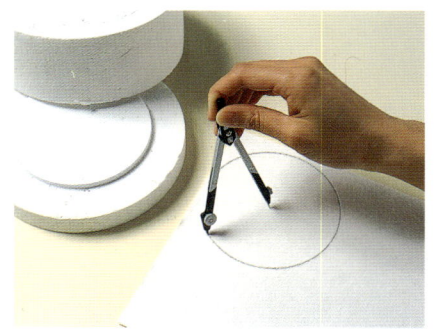

8 キルンの上に、コンパスを使いキルンの内側に合わせて丸くはさみでカットした離型マットを敷きます。

9 さらに5cm角に切った離型ペーパーを載せます。

10

裏側(釉薬側)を上にした銀板を離型ペーパーの上に載せます。
電子レンジの中央にキルンを置き、上蓋をかぶせ、電子レンジの扉を閉めたらタイマーを12分にセットし、スタートボタンを押します。

焼成の時間が長すぎると、谷に落ちたブルシャンブルーが縮んで固まってしまいます。

11

タイマーが切れたら軍手をつけて電子レンジからキルンを取り出します。底が熱くなっているので、必ず耐火ボードの上に置きます。

12 裏側が焼き上がりました。表側は酸化膜もつかず銀色のままです。ここでは表側の空焼きも兼ねています。

13 表側についた離型ペーパーの燃えかすを水で洗い流してから、ティッシュで水分をふき取ります。片面だけ釉薬を焼きつけたので、少し反っています。軽く手で押さえ、形を整えます。

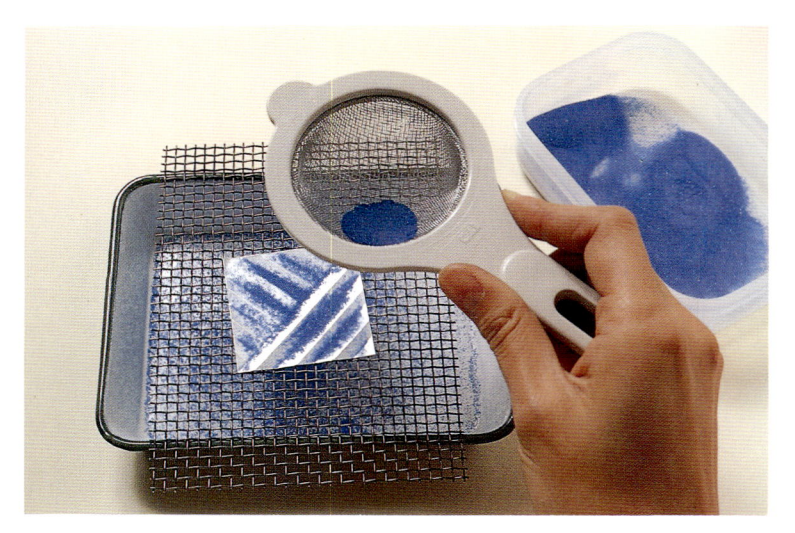

14 表側にミラクルグルーを塗らないでプルシャンブルーを振りかけると、山から谷へ釉薬が滑り落ちます。

15 キルンにふたたび離型シートを敷いて、表側を上にした銀板を載せます。キルンがまだ冷めていないので電子レンジのタイマーを5分にセットします（もし裏の焼成のあとかなり時間がたち、キルンが冷めていたら、最初と同じく12分か、もしくは見当をつけてタイマーをセットして下さい）。タイマーが切れたらふたたびキルンを取り出します。表側に谷に滑り落ちた釉薬が焼きついています。

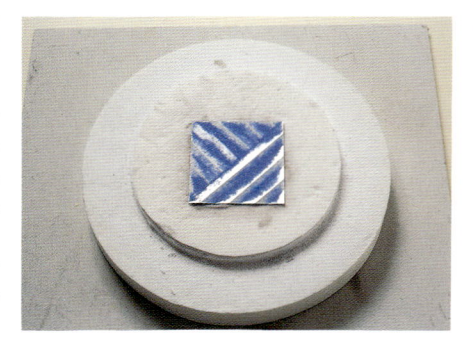

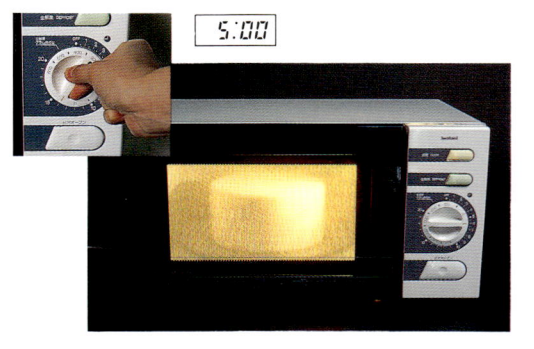

16 裏側に離型シートの粉がついていますから、水洗いをして粉を洗い落とし、ティッシュで水分をふき取ります。

17 銀板の表全体にホセでレモンイエローの釉薬を塗ります。この時釉薬の厚みは1円硬貨より薄いくらいにまんべんなく丁寧に塗って下さい。

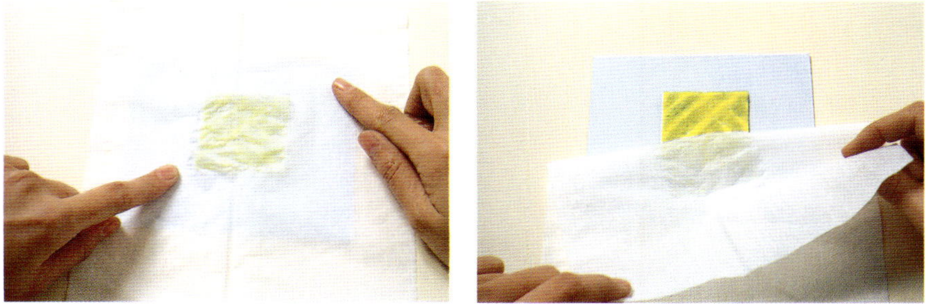

18 塗り終わったら、ティッシュをかぶせて水分を吸い取り、そっとティッシュをめくり取ります。

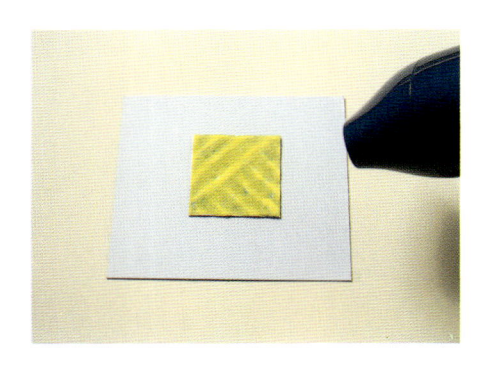

19 ドライヤーを20cmほど離して丁寧に軽く乾かします。

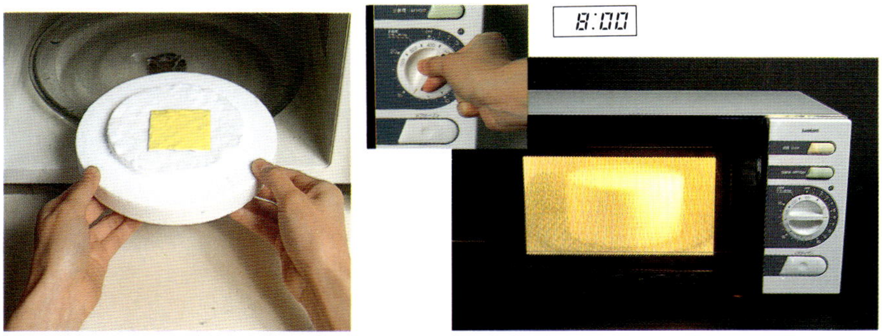

20 離型ペーパーを敷いたキルンに載せたら、電子レンジにいれ上ぶたをします。彩色に時間がかかったのでタイマーを8分にセットしました。2度目からの焼成は、あなたのペースによってキルンに残る余熱が変わってくるので、焼成時間も変わります。タイマーセットは何度も繰り返しているとコツがわかってきます。

21 タイマーが切れ、焼成直後に取り出した際の色です。

22 冷めると色が出てきます。ブルーのストライプがアクセントになっています。

17

2 刻印を使ったレリーフ

革細工で使う様々なパターンの刻印を使ってレリーフを作ります。

用意するもの
1. バット
2. ステンレス網
3. 振りかけ用茶こし
4. 振りかけ用釉薬（プルシャンブルー）
5. 金切りバサミ
6. 台紙
7. 木台
8. 金槌
9. 刻印
10. モデラー
11. 筆
12. ホセ
13. ティッシュ
14. 釉薬（ブルー、エメラルド、トルコブルー、パープル）
15. ミラクルグルー
16. 純銀板

1 なました5cm角の純銀板を、堅い板の上に置き、刻印を金槌で叩いて模様をつけます。
銀板が反り返るので、モデラーを使い、台紙の上で銀板を平らに整えます。

2 叩いた側が裏になります。表側はくっきりと模様が浮き出ています。

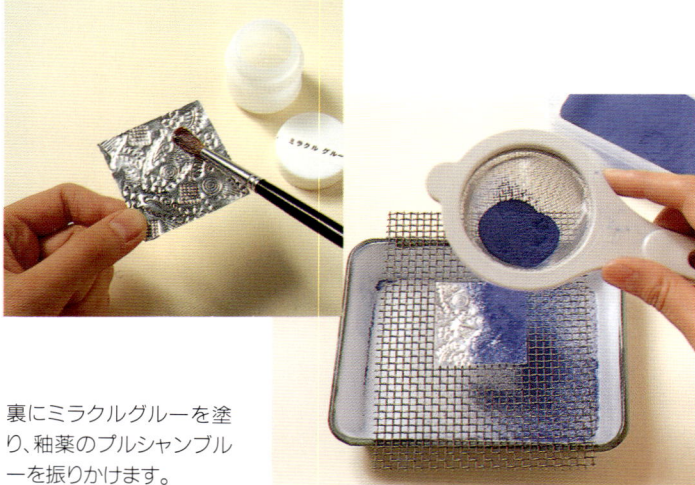

裏

表

裏にミラクルグルーを塗り、釉薬のプルシャンブルーを振りかけます。

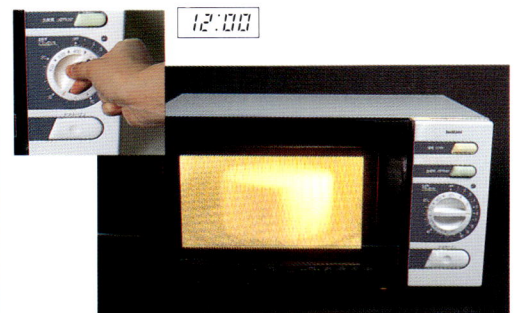

4 キルンに載せて焼成します。タイマーは12分にセットします。

5 裏側が焼き上がりました。

6 表についた離型ペーパーを水で洗い流し、ティッシュで拭いたら、軽く形を整えます。

7 表にウルトラマリン、クロームグリーン、ブルーの3色の釉薬を刻印の凹んだ部分に塗り分けます。

8 キルンに載せて焼成します。タイマーは5分にセットします。

9 凹みだけに釉薬が焼きつき、凸部分は銀のままです。

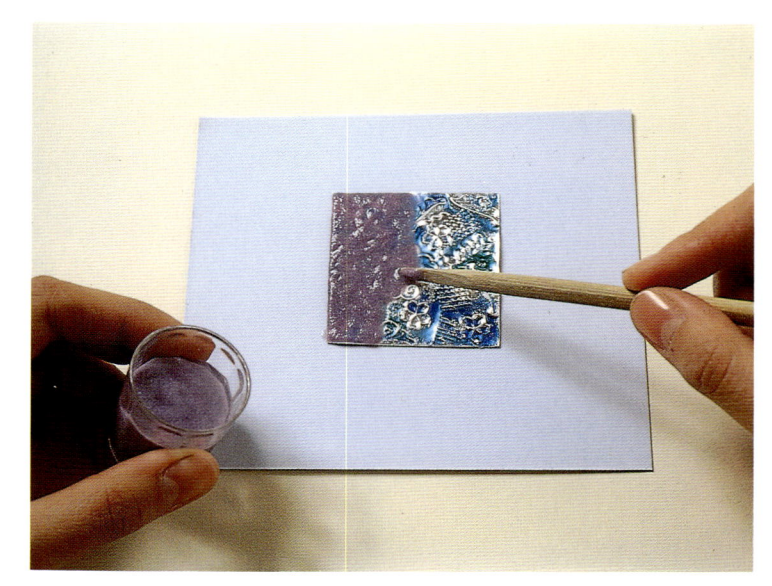

10 さらに表全体にパープルを1円硬貨弱の薄さにていねいに塗ります。塗り終わったらドライヤーで軽く乾かします。

11 キルンに載せて焼成します。タイマーは7分。

12 焼成直後の色です。まだ本当の色ではありません。

13 釉薬の下から刻印がくっきりと浮かび上がり、一度焼きと二度焼きの釉薬が複雑な色合いに重なっています。

3 フロッタージュ3種

子供の頃、木目やマンホールの蓋、コインなどに紙をあて、クレヨンで模様をこすって浮かび上がらせ遊んだことがあります。なました純銀板も簡単にフロッタージュができます。ここでは網と金型を使ったフロッタージュを3種類やってみましょう。

※フロッタージュ=凹凸のあるものの表面に紙を置き、上から画材でこすって模様を写し取る技法。

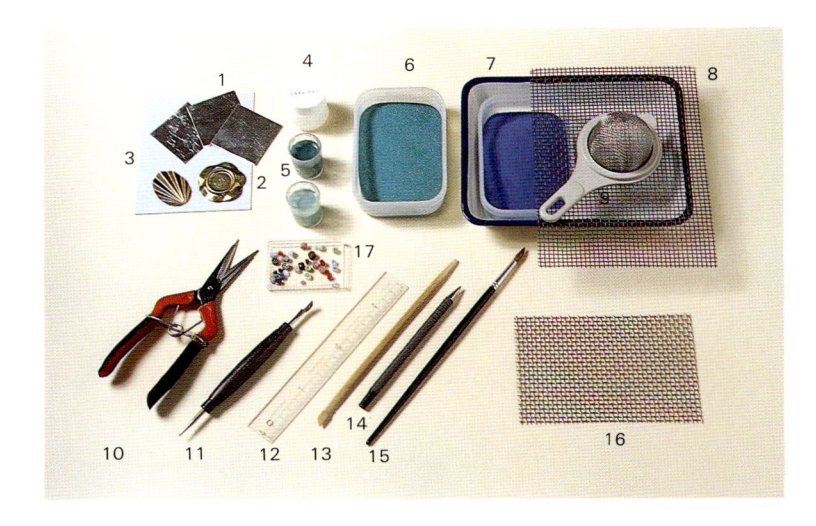

用意するもの
1. 純銀板
2. 真鍮金型
3. 台紙
4. ミラクルグルー
5. 釉薬(エメラルド、ジェイドグリーン)
6. 振りかけ用釉薬(プルシャンブルー、エメラルドグリーン)
7. バット
8. ステンレス網
9. 振りかけ用茶こし
10. 金切りバサミ
11. モデラー　12. 定規　13. ホセ
14. ボールペン　15. 筆
16. フロッタージュ用ステンレス網
17. ミルフィオリ

網を使って

1 ステンレスの金網の上になました5cm角の純銀板を置き、モデラーで強くこすります。

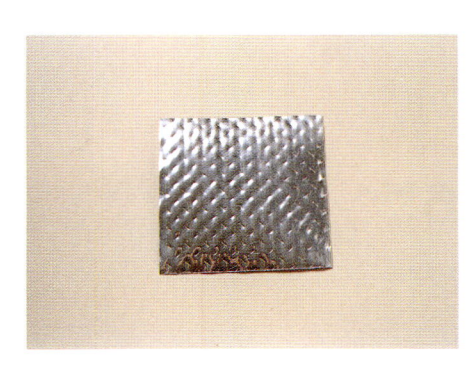

2 銀板がステンレスの網目を浮かび上がらせます。

3 裏側からボールペンで線を引きエンボスにしてから、裏返して今度は表側から山になった線の間に谷線を引きます。

4 フロッタージュとエンボスの組み合わせができました。

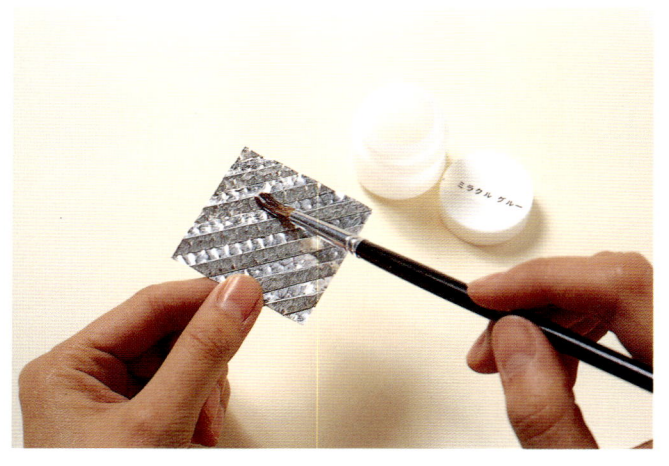

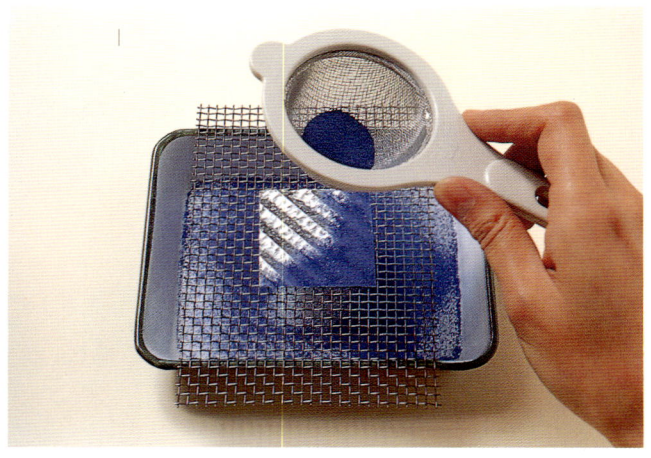

5 裏にミラクルグルーを塗り、裏釉薬プルシャンブルーを振りかけます。

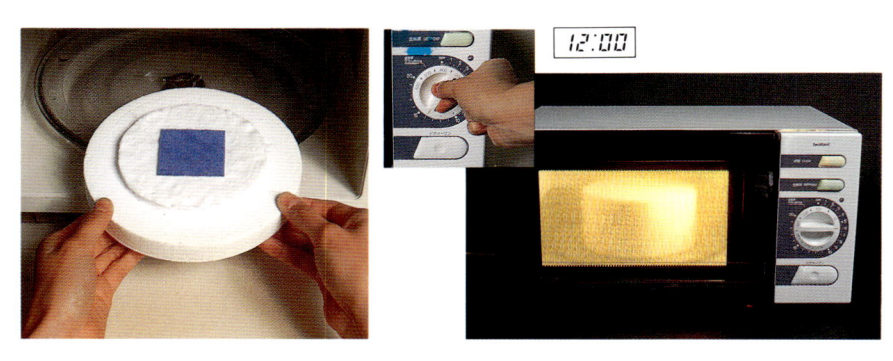

6 離型ペーパーを敷いたキルンに載せて焼成します。タイマーは12分にセットします。
取り出したら、表についた離型ペーパーを水で洗い流し、ティッシュで水気をとります。

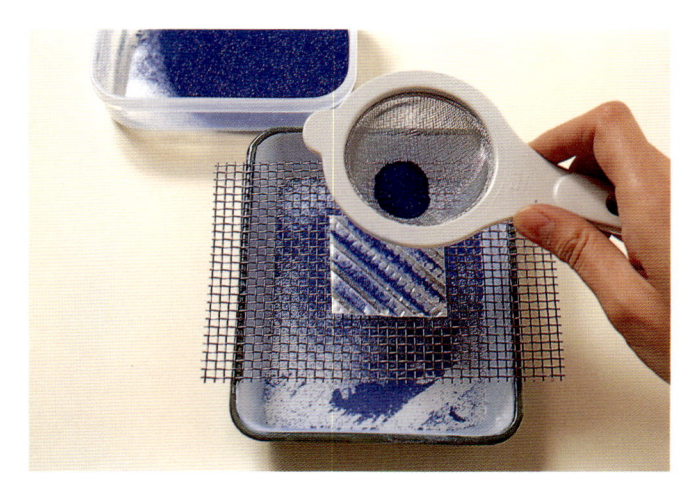

7 表に、ミラクルグルーを塗らずにプルシャンブルーを振りかけます。張り付かないので、釉薬が谷に滑り落ちる状態になります。ふたたびキルンに載せて焼成します。余熱があるのでタイマーは5分にセットします。

8 谷に滑り落ちた釉薬とフロッタージュがおもしろい効果を出しています。全面七宝にしないで金属部分を残し、七宝とメタルのコントラストを簡単に作り出せるのも純銀ならではの魅力です。

金型を使って

ここでは真鍮の金型を使ってフロッタージュをしてみます。しっかりしたアクセサリー用の型がありました。その型の上に純銀板を載せてモデラーでこすり、下の型を銀板に写し取ります。

1 なました純銀板の上に型を置き、輪郭線をボールペンで描きます。金切りばさみで輪郭通りに銀板を切り抜きます。

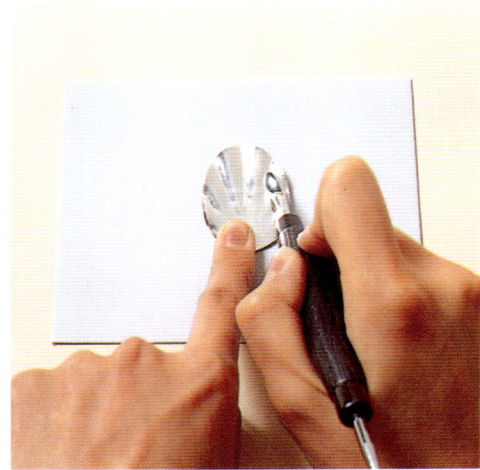

2 型の上に切り抜いた銀板を置きます。セロハンテープで型と銀板を固定して、上からモデラーで型を写し取ります。型と同じ銀板ができました。

3 裏側にミラクルグルーを塗り、裏釉薬プルシャンブルーを振りかけます。

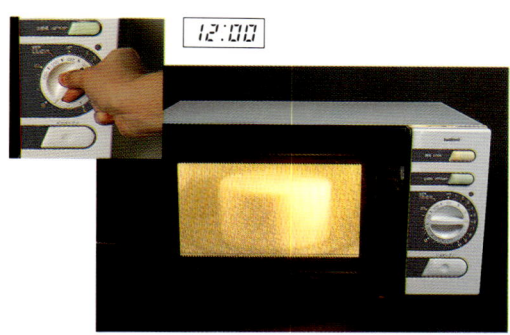

4 離型シートを型の大きさに切り、その上に銀板の裏側を上にして載せ、12分焼成します。

5 取り出したら、表についた離型ペーパーを水で洗い流し、ティッシュで水気を取ります。

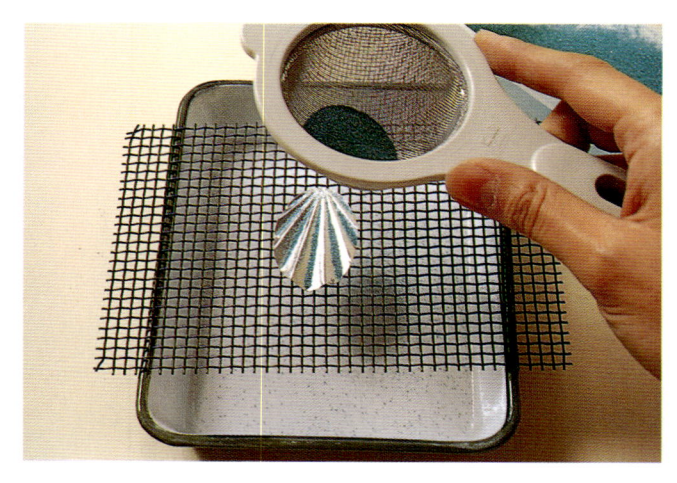

6 表側にエメラルドグリーンを振りかけます。ミラクルグルーを塗っていないので釉薬が谷に滑り落ちます。

7 キルンに載せて焼成します。キルンに余熱があるのでタイマーは5分にセットします。

8 できあがりました。

金型とミルフィオリを使って

七宝の釉薬の代わりに、金太郎飴のような可愛いヴェネツィアンガラスでできたミルフィオリ（千の花の意味）を焼き込んでみましょう。

1 金型に合わせて切り抜いた銀板を金型の上に載せ、セロハンテープで固定してからモデラーで上からこすり、フロッタージュします。

2 フロッタージュができました。

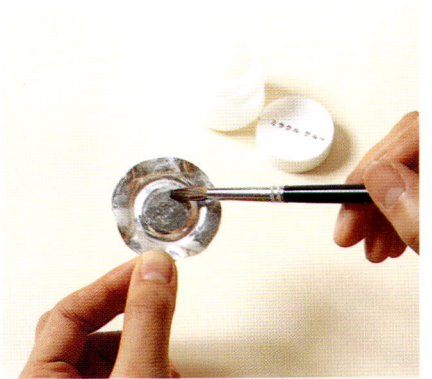

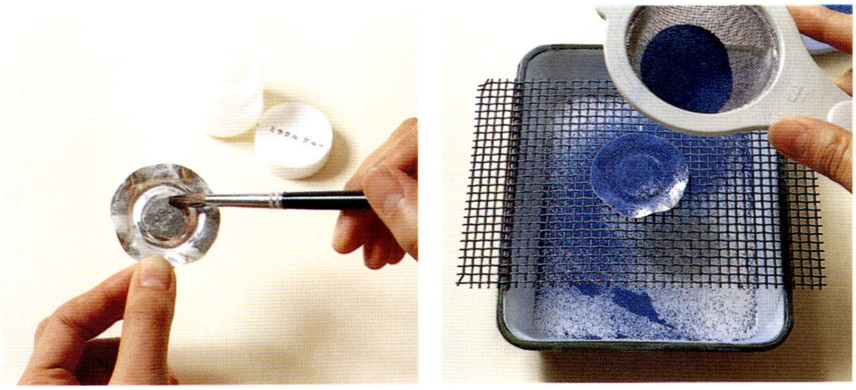

3 裏にミラクルグルーを塗り、裏釉薬プルシャンブルーをふりかけます。

4 キルンに入れて12分焼成しました。

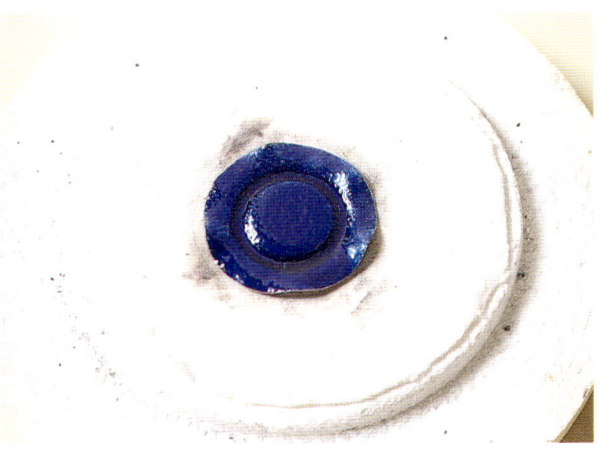

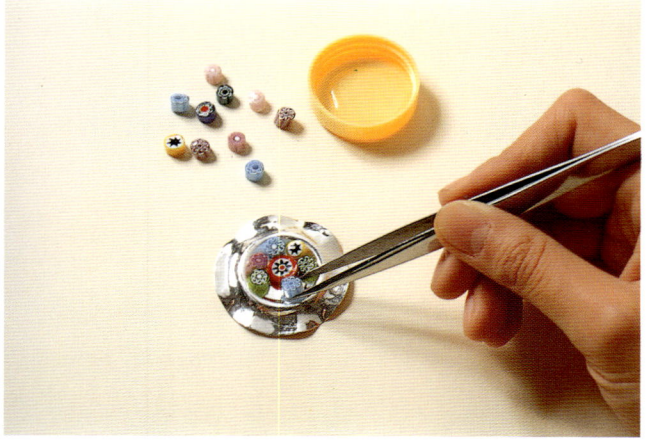

5 表の汚れを取り、真ん中にミラクルグルーで糊付けしながらミルフィオリを並べ、埋め尽くします。

6 まず縁回りにジェイドグリーンを塗り、それからエメラルドグリーンを塗ります。

7 キルンに載せて焼成します。ミルフィオリが厚いので、13分ほど焼成します。

13:00

8 焼き上がりました。ミルフィオリが融けて純銀板になじんでいます。

II 刻印とデカルケのブローチ

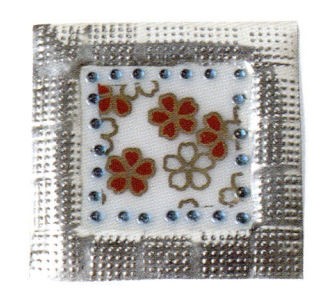

用意するもの
1. バット　2. デカルケ　3. 台紙
4. 銀板　5. 3cm角に切り抜いたボール紙
6. ミラクルグルー
7. 釉薬（プルシャンブルー、ホワイト）
8. 金槌　9. 筆　10. 彫塑べら
11. ホセ　12. 竹ぐし　13. ボールペン
14. ピンセット　15. 定規　16. ハサミ
17. 刻印　18. 木台
19. ティッシュペーパー
20. クリスタルビーズ
21. ABボンド　22. 裏ピン

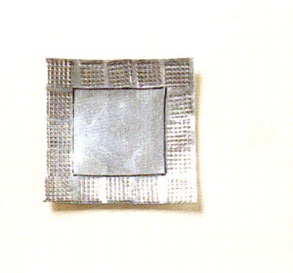

1 なました5cm角の純銀板の中心に3cm角の正方形を描きます。その3cm角の周囲に、約1cm角の刻印を並べて打っていきます。縁に刻印が打ち上がりました。

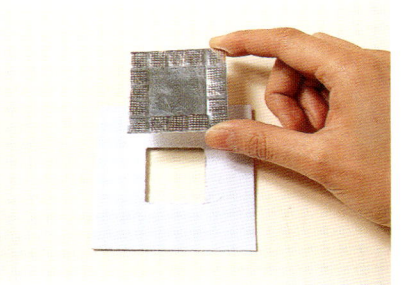

2 表側を向け、刻印を打った内側を再度ボールペンでしっかり線を引いてから、厚紙に3cm角の穴を開け、その上に銀板を載せます。穴の上を彫塑べらで押さえ、フロッタージュしてくぼませます。

3 刻印を打った縁回りをふくらませるために、裏側から彫塑べらでこすります。

4 裏側の真ん中3cm角のふくらみ部分にのみ、ミラクルグルーを塗ります。ここに釉薬を塗りますが、次ページの手順を参照してください。

5 中心の3cm角凹の部分にホワイトを塗ります。塗り終わったらティッシュで水分を取ります。

6 ホワイトを塗った縁回りに竹ぐしで小さな穴を開け、その穴にクリスタルビーズを埋め込みます。

7 キルンに載せ、焼成します。キルンの余熱を利用するためにタイマーを8分にセットします。

釉薬の塗り方

釉薬は砂糖のように粒子が荒くさらさらしているので、絵具のような塗り方ができません。
ホセや竹ぐしですくって盛りながら塗っていきます。

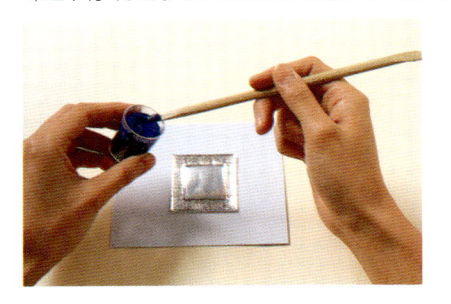

1 よく水洗いしたプルシャンブルーをホセですくいます。

2 ミラクルグルーを塗った3センチ角の上に載せます。

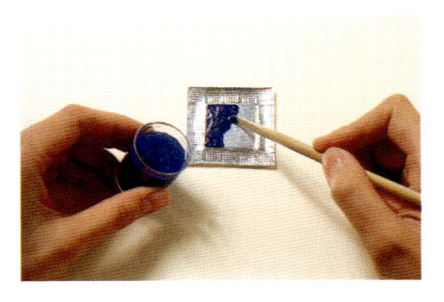

3 1円硬貨弱の厚みで端からとんとんと釉薬を叩きながら塗っていきます。

4 3センチ角からはみ出さないように塗ります。

5 他の釉薬を使う場合は必ずそのたびごとにホセを水洗いします。釉薬は比重が重いので、コップの下に沈みます。

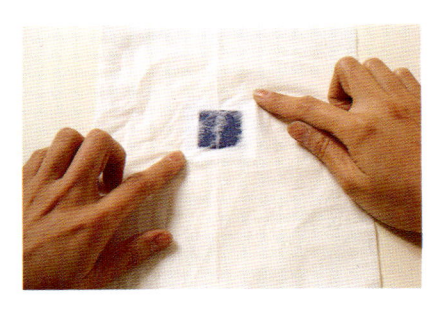

6 塗り終わったら上からティッシュをかぶせて水分を取ります。

7 ティッシュを静かにめくります。

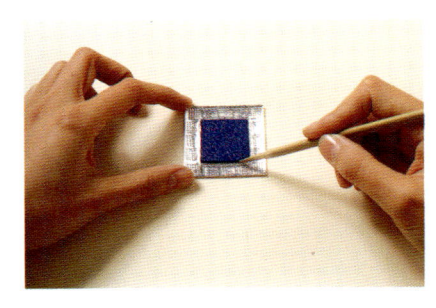

8 もう一度釉薬の隅を整えます。

9 塗り上がりを横から見たところです。

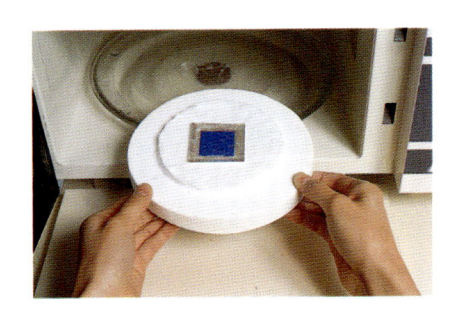

10 ドライヤーで軽く乾かしてから、離型マット、離型ペーパーを敷いたキルンに載せます。タイマーを12分にセットして焼成します。

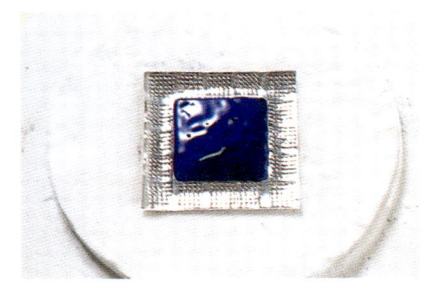

11 焼き上がりました。

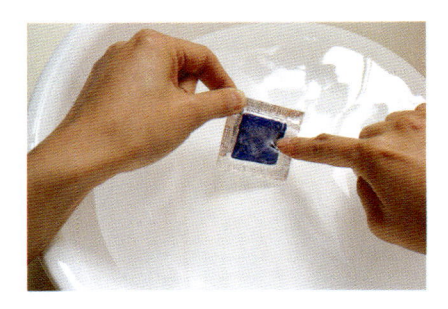

12 表側銀板の汚れを洗い流します。

29

8 焼き上がりました。

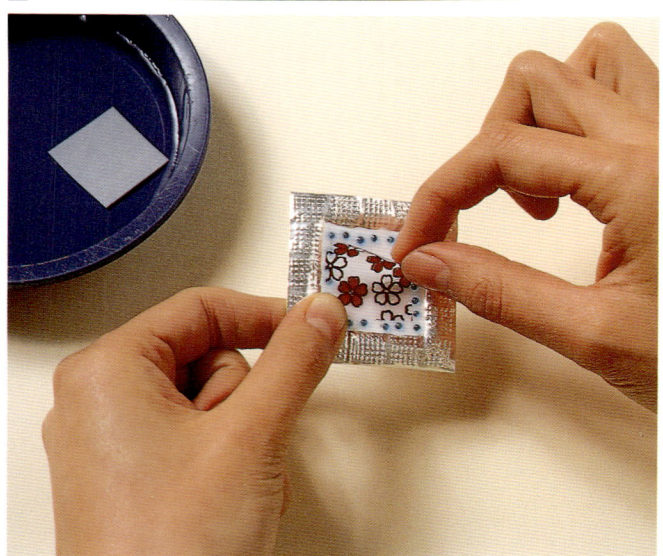

9 花びらのデカルケを3cm角に切ります。水を入れたバットにデカルケを入れると、台紙からビニールシートが剥がれ浮き上がってきます。デカルケを水平にホワイトの上に移動します。けっして裏返しに貼らないように。反対に貼ると模様が焼き付きません。

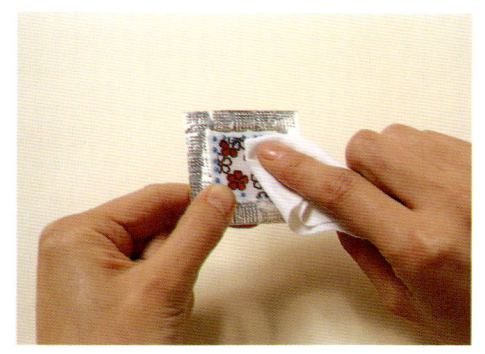

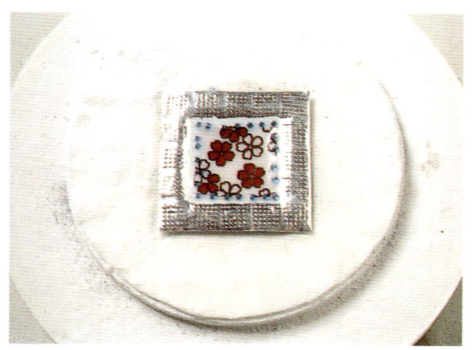

10 布で表面をしごき中の水分を外へ追い出します。十分乾燥させて下さい。水分が残っていると焼いたあと、模様に穴が開きます。

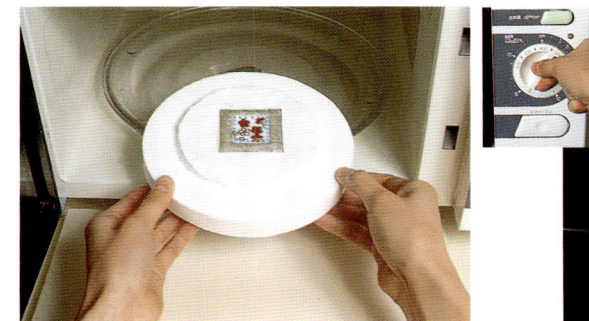

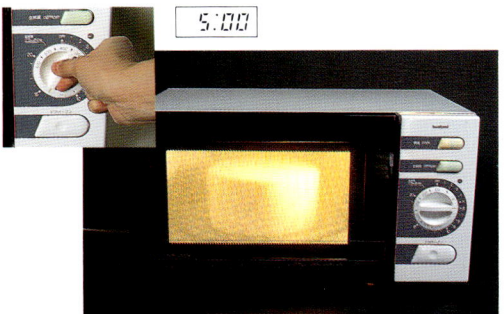

11
キルンに載せて焼成します。タイマーを5分にセットします。

12 焼き上がりました。

13 裏についた離型ペーパーを洗い流し、縁回りを裏からへらで整えます。

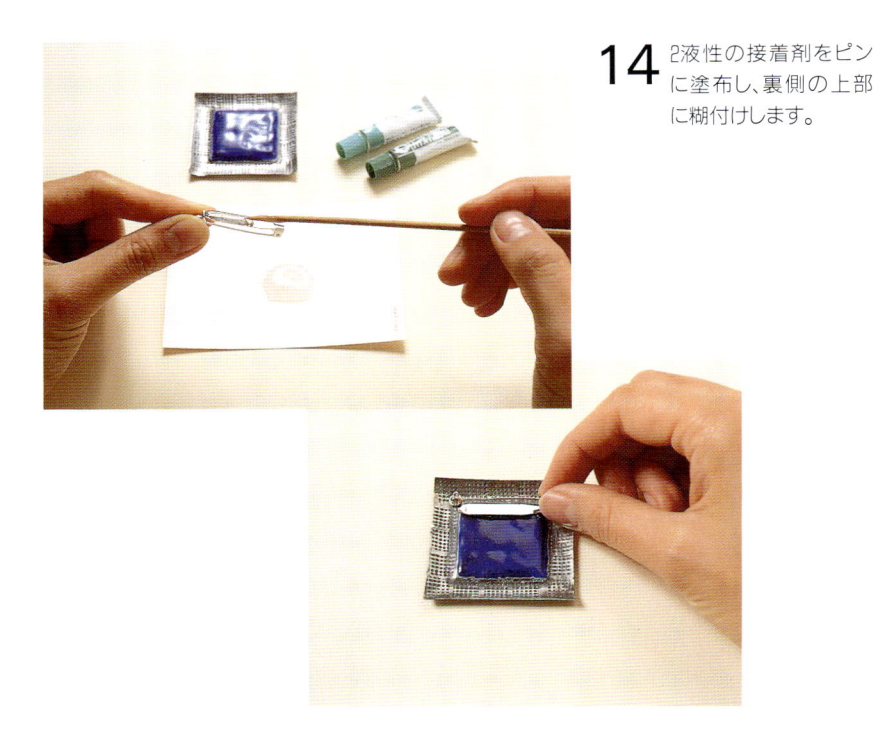

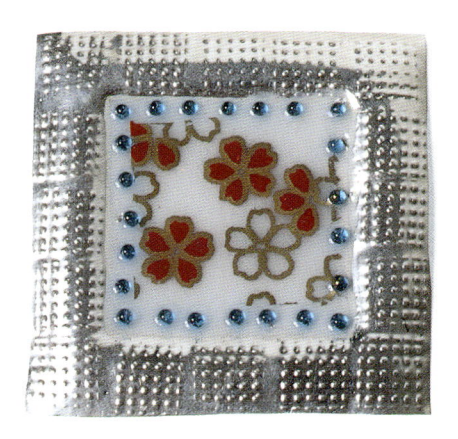

14 2液性の接着剤をピンに塗布し、裏側の上部に糊付けします。

III 刻印と有線の王冠ブローチ

七宝技法の大きな要素である有線七宝を取り入れたブローチを作ってみましょう。有線七宝は先細の銀線ピンセットを使い、銀線で模様を描き、その中に釉薬を塗り入れる日本の伝統的な技法です。ここではバックに散らした花の刻印の間に、ハートを組み合わせて作った花を焼き込みました。初めて銀線を扱う人にも簡単に折れる花びらです。

用意するもの
1. バット　2. 振りかけ用茶こし
3. 振りかけ用釉薬
 （プルシャンブルー、銀用白透）
4. 釉薬（エメラルド、ブルー、クロームグリーン、サンゴルビー、パープルミスト、ホワイト）
5. ミラクルグルー　6. 台紙
7. 純銀板　8. 銀線用銀線ピンセット
9. ハサミ　10. 0.1×0.7mm銀線
11. 金切りバサミ　12. ホセ
13. 竹ぐし　14. 筆　15. コンパス
16. 金槌　17. 水性ペン
18. モデラー　19. 刻印2種
20. 木台　21. ステンレス網
22. ティッシュ

1
5センチ角の純銀板にコンパスで直径5センチと4.5センチの同心円を描きます。5センチの周囲を金切りバサミで円くカットします。

2
4.5cmの円周を弓形の刻印でぐるりと打っていきます。ビールや酒の王冠に似た打ち上がりです。

3

次に桜の花の刻印を裏側から画面上に散らして打ちます。

4

形を整え、裏側にミラクルグルーを塗り、裏釉薬をふりかけます。

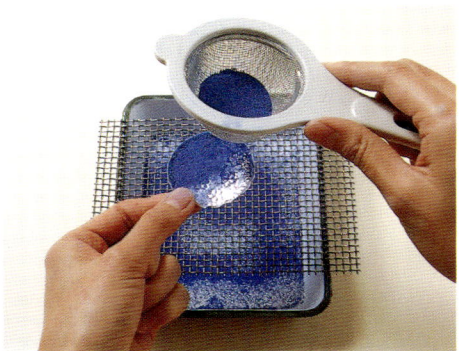

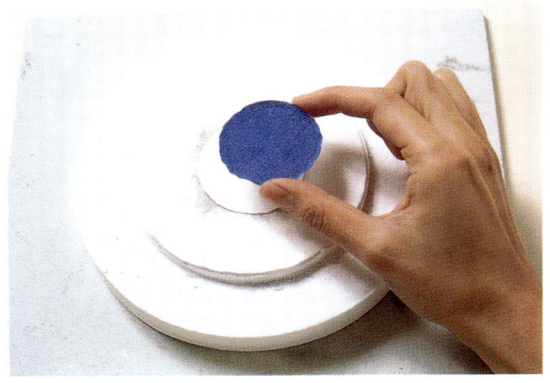

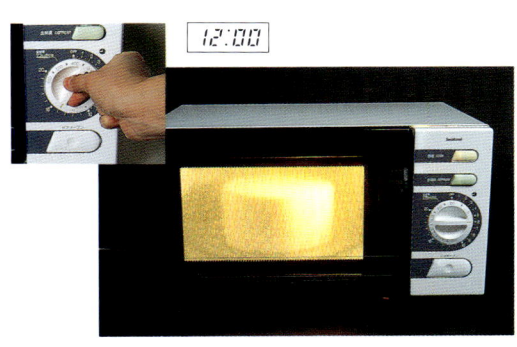

5

円くカットした離型ペーパーの上に載せ、キルンに入れて12分焼成します。

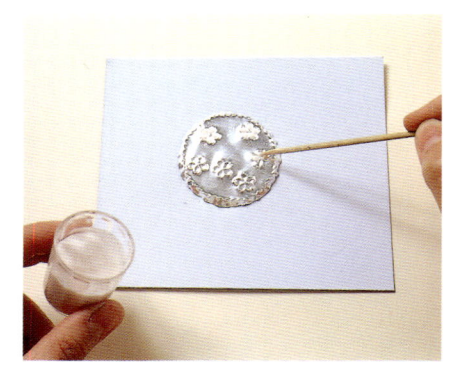

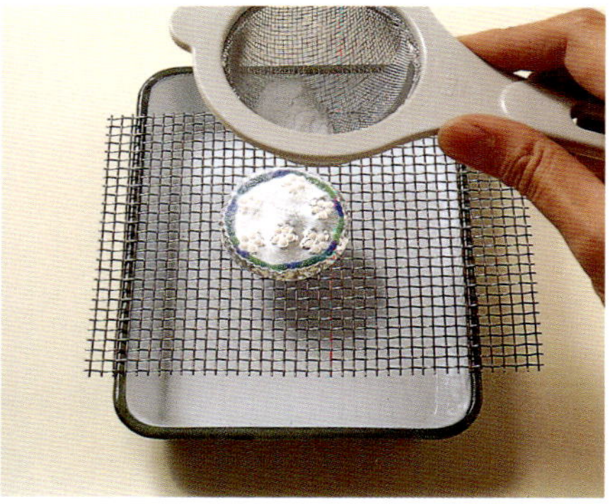

6 表側をきれいに水洗いします。水分をティッシュでふき取ったら、花びらの中にサンゴルビーを塗り入れます。次に縁回りを、エメラルドグリーン、トルコブルー、クロームグリーンで塗り分けます。

7 画面全体に銀用白透を軽く振りかけます。

8 ハート型の花びらのパーツを作ります（次ページ参照）。

9 銀用白透を振りかけた上に、刻印の花をよけて銀線を花びらのようにまとめたり散らしたりしつつレイアウトし、軽く載せます。

10 花の線置きができました。離型シートを敷いたキルンに載せ、電子レンジに入れて12分焼成します。

純銀線でハート型パーツを作る

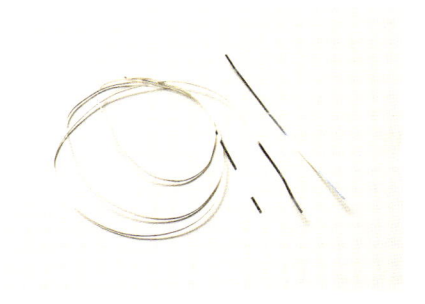

1 0.7×1.0cmの純銀線を用意します。絡まないように注意しながら、銀線を約10cmにカットします。

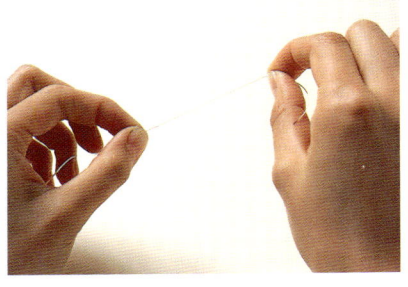

2 片方の端をつまみ、一方を親指と人差し指の腹でそっとしごきます。目安としては自然な弧が描かれる程度です。

3 面相筆の軸に銀線の巻き始めをしっかり押さえて、すき間を空けないように銀線を伸ばしながら巻き付けます。

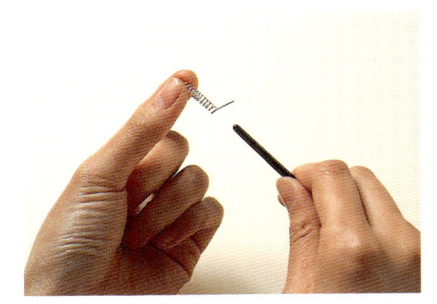

4 そっと面相筆の軸から銀線を抜きます。

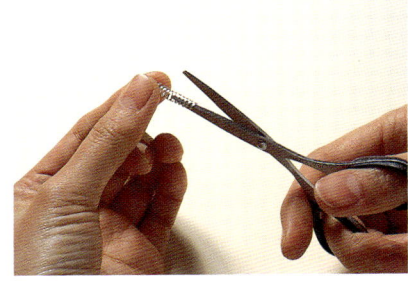

5 つぶさないようにハサミを入れて切り離します。

6 不ぞろいの円ができます。手で持ち上げると形がつぶれるので必ず銀線ピンセットを用います。

7 もう一度面相筆の軸に入れて、ハサミでカットした切れ目をつきあわせ形を整えます。

8 綺麗な銀線の円ができます。この円が一番易しいと思います。

9 銀線の切れ目の反対側を銀線ピンセットの先で軽くつまみ、円の内側から外側へ向かって指先で押すとカラスが飛んでいるような形になります。あまり力を入れないで軽く押して下さい。

10 そのまま銀線をつぶさないように切れ目をそっと閉じます。

11 テーブルの上に銀線を置き、銀線ピンセットの先で左右の丸みを少しずつ引っ張って伸ばします。

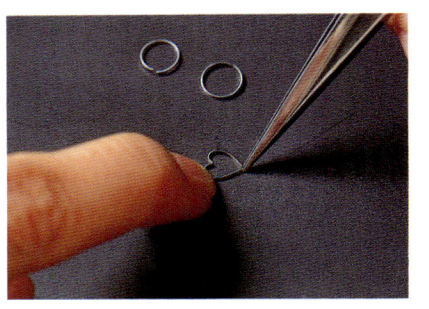

12 左右の銀線の端をつきあわせて形を整えます。

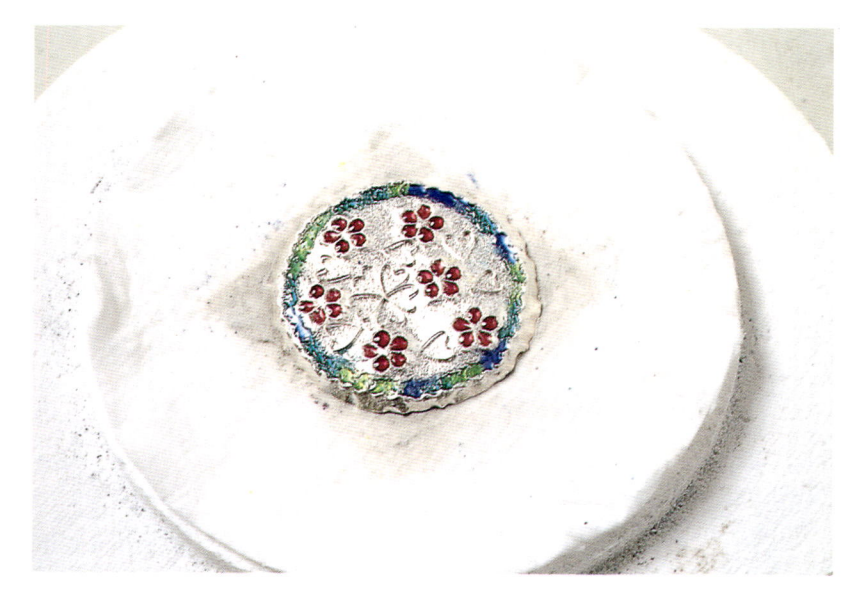

11 焼き上がりました。このとき焼きすぎてしまうと、銀用白透が縮み、サンゴルビーが茶色く変色してしまいます。銀線が沈んで、花びらの中に釉薬が入りにくくなります。

焼きすぎ

12 冷めたら、ハートの花びらの彩色をします。花心にあたる中央にパープルミストを塗ります。

13 その上から花びらのひとつひとつにホワイトを塗り入れます。

14 花と花びらをくっきりと際だたせるために、ハート型の花の外側の輪郭をブルーで1mmくらいの細さに塗ります。

15 縁の周辺をエメラルドグリーンで塗ります。

16 塗り終わったら画面全体に銀用白透を振りかけます。

17 乾かしてキルンに載せ、電子レンジで12分焼成します。

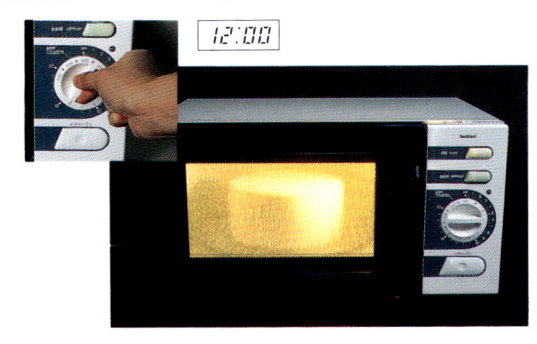

18 焼成が終わった直後の色です。

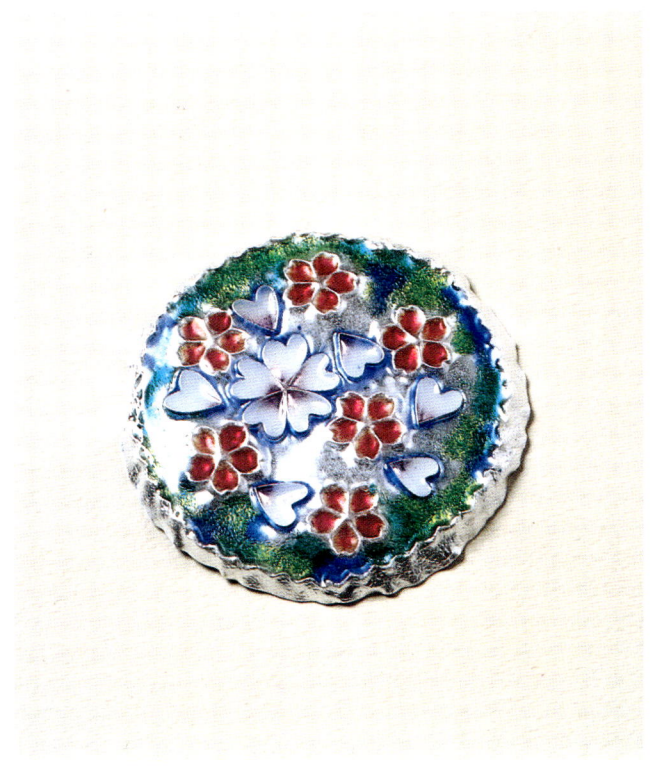

19 冷めて色が出てきました。花の王冠ブローチのできあがりです。

37

IV プリント銀板のペンダント

シルクスクリーン技法で作ったプリント銀板は私のオリジナルですが、パターンを利用して塗り絵感覚の銀七宝を楽しんでみましょう。

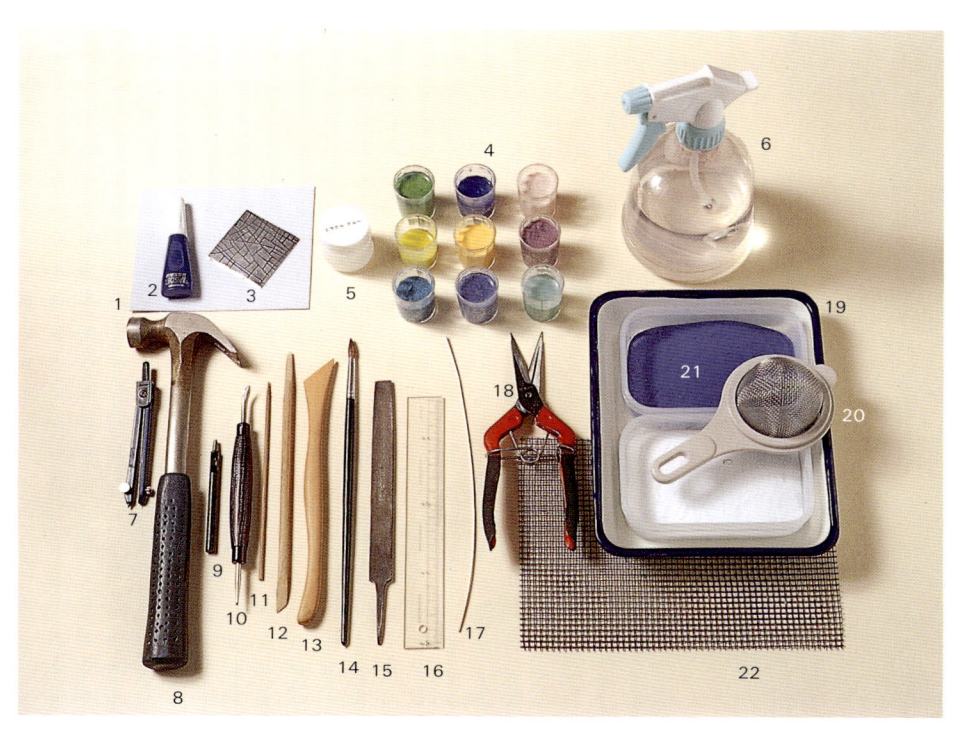

用意するもの
1. 台紙　2. 瞬間接着剤
3. プリント銀板
4. 釉薬（エメラルド、トルコブルー、ブルー、レモンイエロー、クロームイエロー、サンゴルビー、プルシャンブルー、ジェイドグリーン、パープルミスト）
5. ミラクルグルー　6. 霧吹き
7. コンパス　8. 金槌　9. ポンス
10. モデラー　11. 竹ぐし　12. ホセ
13. 彫塑べら　14. 筆　15. 油目ヤスリ
16. 定規　17. BBふくりん
18. 金切りバサミ　19. バット
20. 振りかけ用茶こし
21. 振りかけ用釉薬
　　（プルシャンブルー、銀用白透）
22. ステンレス網

1
プリント銀板はすでになましてありますので、そのまま使えます。直径5センチの円を描きます。周囲を金切りバサミで円くカットします。

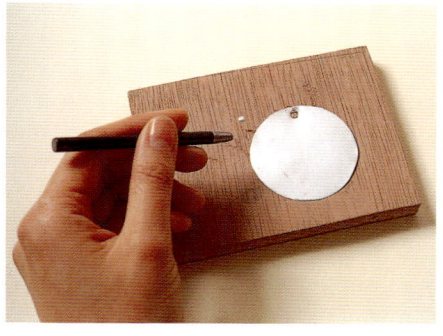

2
裏に向け2mmのポンスで紐（チェーン）を通すための穴を開けます。

3 台紙の上で裏から彫塑べらでこすり丸みを付けます。表側がふくらみました。

4 ミラクルグルーを塗り、裏釉薬プルシャンブルーを振りかけます。

5 キルンに載せ電子レンジで10分焼きます。なぜいままでの焼成時間より2分ほど少ないかというと、熱をかけすぎるとプリントがぼやけてしまうからです。

焼きすぎるとプリントがぼやけます。

6 裏釉薬がザラメ状態に焼き上がりました。

7 表側の汚れを洗い流します。

8 線で分割された面に好みの色を塗ります。ここで使う釉薬は、サンゴルビー、レモンイエロー、クロームイエロー、ジェイドグリーン、トルコブルー、パープルミスト、パープルグレー、モーヴ（ブルー＋サンゴルビーを混ぜて作る）の9色です。

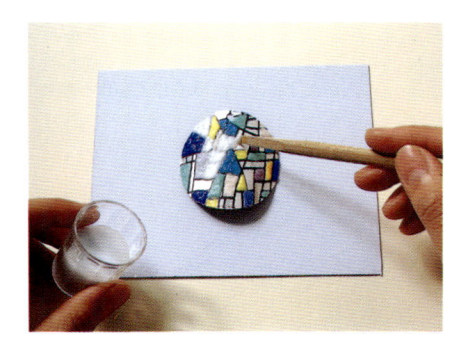

9 色を塗らない部分は、釉薬の段差をなくし均一にするために銀用白透を塗っておきます。

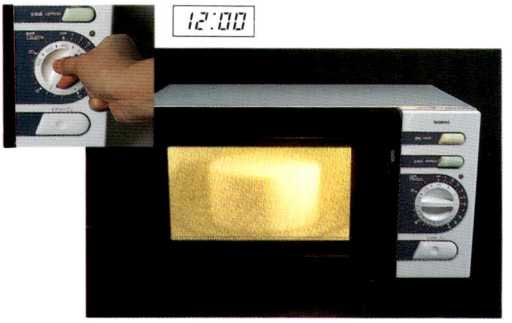

10 ティッシュを画面の上にかぶせて水分を取ります。ドライヤーで乾かしてから、キルンに載せ電子レンジに入れます。タイマーを12分にセットします。

11

焼き上がりました。水洗いをして離型ペーパーを取り除いてから、2度目の彩色をします。画面に陰影をつけるために1度目の彩色の上に違う色を塗り重ねます。パープルミストの上にはモーヴを、パープルグレーにはパープルミストを、トルコブルーにはブルーを、ジェイドグリーンにはクロームグリーンを、という具合に、部分的に彩色します。

12
塗り終わったら表面に霧吹きで水を吹きかけます。彩色していない箇所に振りかける銀用白透が滑り落ちないために必要です。

13
画面全体に銀用白透を振りかけます。

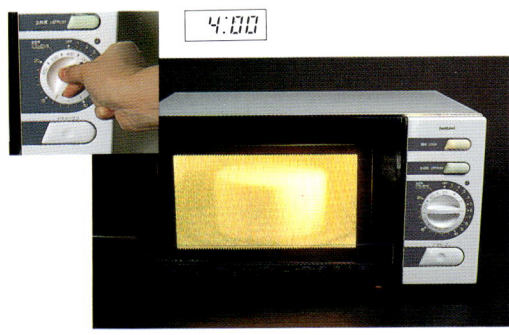

14
キルンに載せ電子レンジで4分焼きます。

15

表面がザラメ状態に焼けました。ピカピカの焼きづやでなくマットな状態に焼くには、時間をかけすぎないようにします。純銀板が薄いので30秒の差で表面がつるつるになってしまいます。焼きすぎた場合は、まだ熱いうちにキルンの上で銀用白透を振りかけてから1分くらい焼いてください。マットな表面になります。

16

作品をヴォリュームアップして見せるために、U字型の純銀レールでふくりん止めをします。BBふくりんはとても柔らかく扱いやすいので、彫金技術のない人でも簡単に作業ができます。まずこのふくりんをなまします。

17

ペンダントの円周を出し(直径×3.14)、この場合は16.5cmにふくりんをカットします。七宝の縁のバリを取るためにヤスリがけしてなめらかにしてから、トップの穴の位置からスタートしてぐるりとふくりんを一周させます。

18

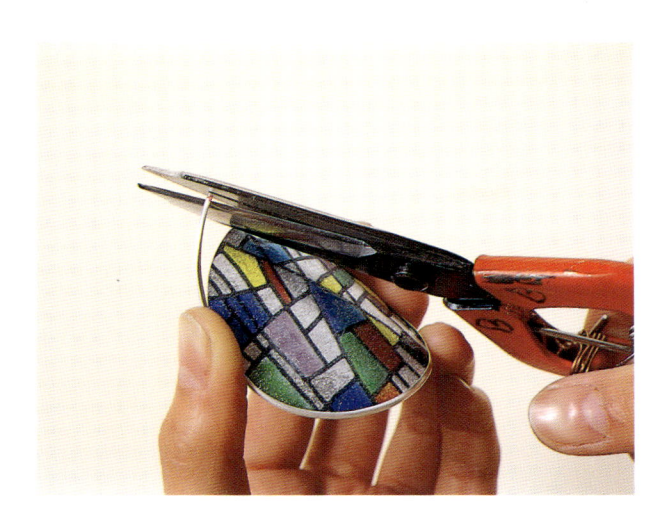

ふくりんの端と端をぴったりつきあわせてハサミでカットします。瞬間接着剤を七宝の縁回りに塗ります。すばやくふくりんを留めつけてモデラーでつなぎ目を押さえます。

19

つなぎ目が隠れるように紐を通します。

ふくりん止めをするとヴォリューム感が出て、少し作品らしくなりました。ペンダントのできあがりです。

V ガラス胎七宝のポートレイトフレーム

前著『電子レンジでガラス胎七宝』の技法と、プリントゴッコの七宝焼を組み合わせ、ブローチにもなるミニフレームを作ってみましょう。なつかしい往年のスターたちや可愛いペットを焼き込んだキッチュなブローチも楽しいものです。ここでは「ローマの休日」のオードリー・ヘプバーンに登場してもらいました。

用意するもの
1. プリントゴッコ　2. 版下
3. スクリーンマスターPG701　4. バット
5. デカルケ2種（金、マーブル）
6. 釉薬（プルシャンブルー）
7. ジョーカー　8. 定規
9. ガラスカッター
10. 銀線ピンセット
11. ミルフィオリ　12. スプーン
13. 2つに折ったはがき
14. ヴィトレマイユガラス2種
　　（ブラウン、ブルー）
15. ミラクルグルー　16. 純銀板

1
ブロマイドから版下を作ります。コピーをとって5cm角のサイズに入るように縮小します。ハーフトーンを飛ばして黒と白のコントラストだけにするために、コピーを3回繰り返します。

2
プリントゴッコに版下をセットして、版を作ります。

3

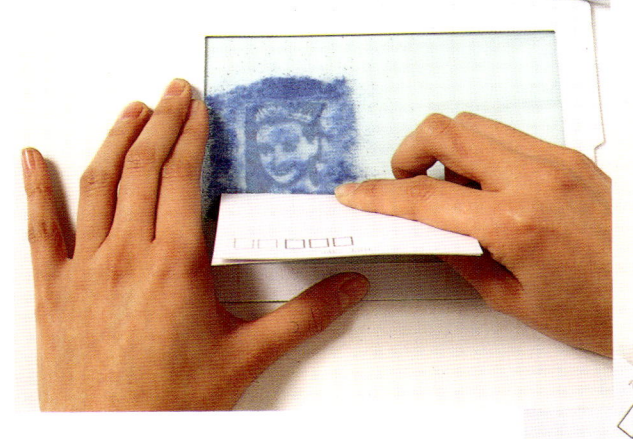

5センチ角の純銀板に版を置きます。版の上に釉薬プルシャンブルーを載せて、二つ折りにしたはがきで上から下へ釉薬を刷りおろします。銀板にヘプバーンが印刷されました。

4

次にガラスをカットします。5センチ角のブルーのヴィトレマイユガラスを半分にカットします。

5
前著『電子レンジでガラス胎七宝』の「あると便利な道具」で紹介したガラス割り機のジョーカーにガラスを挟みます。ジョーカーを折り曲げるだけで、きれいにガラスがカットされています。

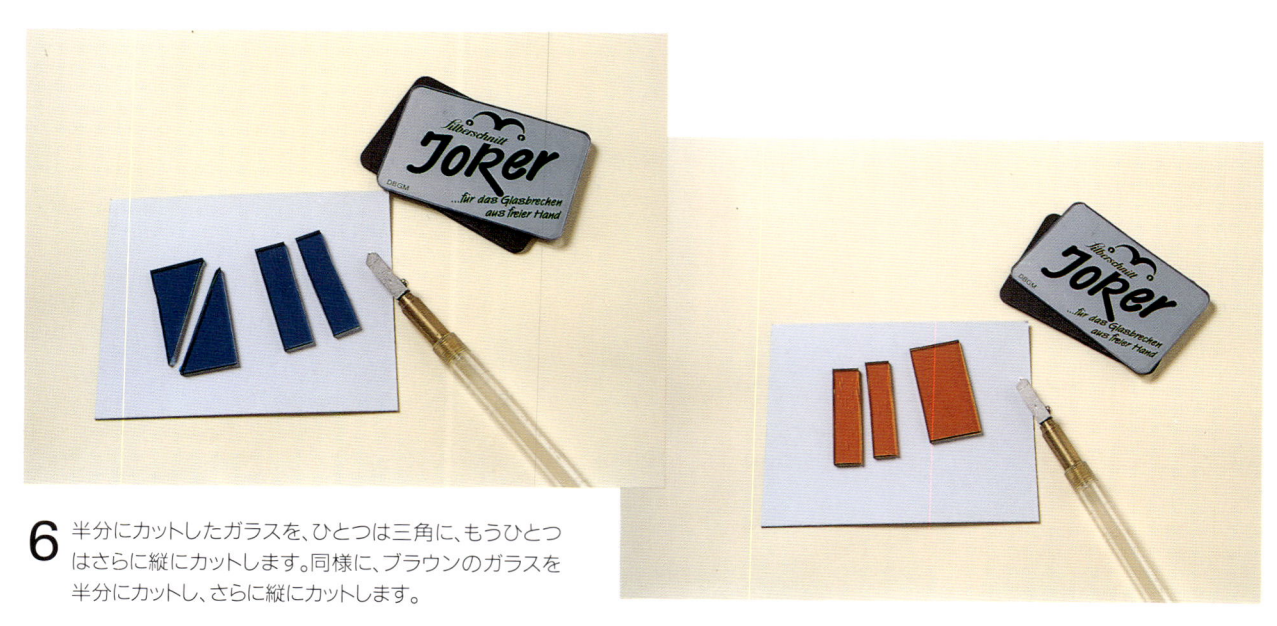

6 半分にカットしたガラスを、ひとつは三角に、もうひとつはさらに縦にカットします。同様に、ブラウンのガラスを半分にカットし、さらに縦にカットします。

7
ブルーの三角のひとつに金の
デカルケ、ブルーの長方形に
マーブル5色のデカルケを貼
ります。(30ページ「刻印とデ
カルケのブローチ」参照)

8 版下の上にガラスを並べてレイアウトを決めます。5センチ角の純銀板に5mmずつ重なるように、上下にブルーのガラス、左右にブラウンのガラスを積みます。

9 離型マットと離型シートを敷いた上でフレームだけをレイアウトします。ブルーの三角とデカルケを貼った長方形を上下に置きます。次に左右にブラウンの長方形を載せ、これから上に置く三角がすべり落ちないように、残ったブルーのガラスからとったかけらを支えのために載せます。

10 支えのために載せたブルーのかけらの上に、デカルケを貼った三角を置きます。

11 左右のブラウンの柱にミルフィオリをミラクルグルーを使って貼り付けます。

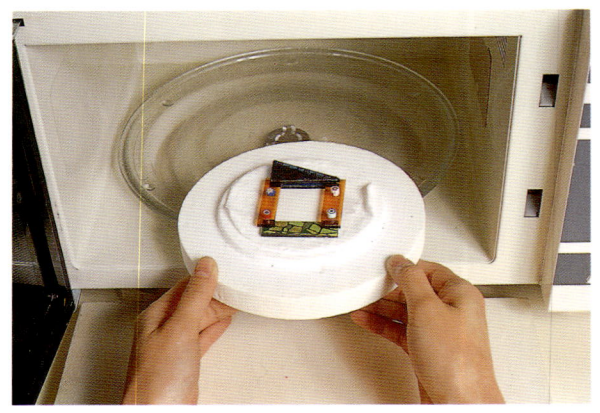

12 ミラクルグルーが乾燥したら、キルンに載せ電子レンジで13分焼成します。

13 アートフレームが焼き上がりました。ガラスは七宝と違って徐冷が必要です。電子レンジから出したキルンは、ふたをしたまま耐熱ボードの上に置き、約50分徐冷して下さい。

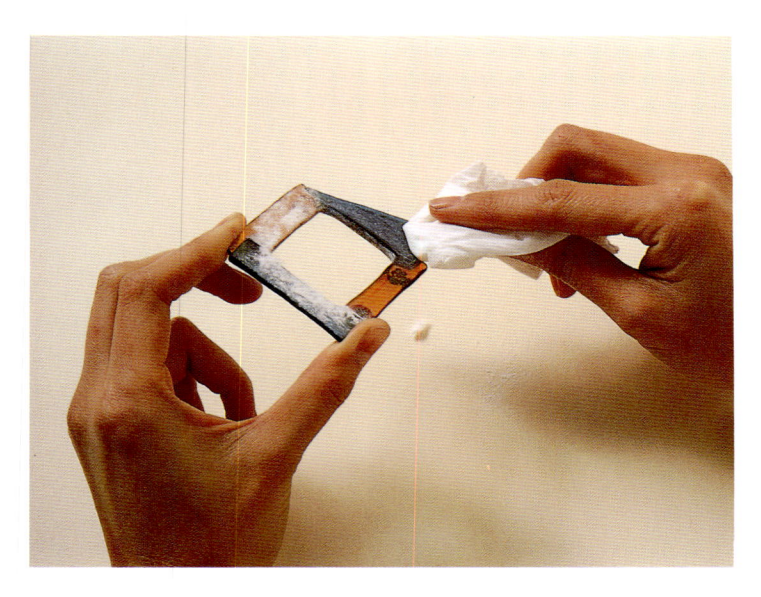

14 徐冷が終わって冷めたフレームの裏側の離型ペーパーを、ティッシュでふき取ります。もう一度キルンに入れるので、用心のため水洗いをしません。水分が少しでも残っていると、ガラスが割れてしまうからです。

15 プリントゴッコで印刷した銀板の釉薬が動かないようにそっとキルンに載せ、その上からガラスのフレームを置きます。

16 電子レンジに入れタイマーを12分にセットして焼成します。

17 オードリー・ヘプバーンのポートレイト銀板とガラスフレームが焼き付きました。キルンの中でふたたび50分ほど徐冷します。ここで焼きすぎてしまうと、絵柄も、フレームのガラスも形がなくなるまで融けてしまいます。

焼きすぎの失敗

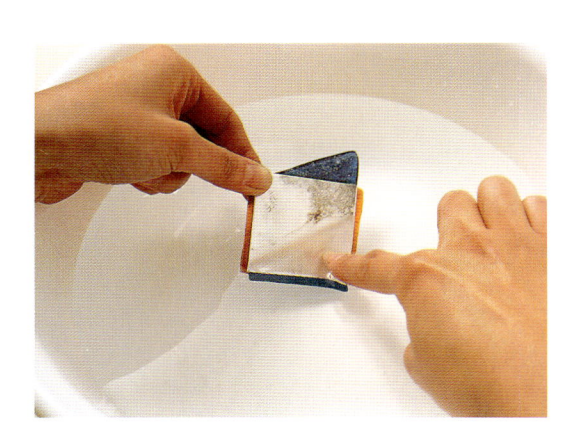

18 裏についた離型ペーパーの粉を洗い流して、できあがりました。

49

Ⅵ 純銀粘土の指輪

金属を切ったり、叩いたり、ロー付けをして作る彫金のアクセサリーは、ある程度技術を習得するまでの期間が必要です。ところがこのアートクレイは誰でも簡単に作ることのできる画期的な素材です。普通の粘土細工と同じ扱いで作った指輪が、ひとたびマイクロウェーブキルンで焼くと光輝く銀の指輪に変身する楽しさはこたえられません。ペンダント、ブローチ等の平面ばかりを作ってきましたので、立体的な指輪に挑戦してみましょう。ここで使用しているアートクレイ・シートは、特別にこの本のために用意したものです。薄いシートなので乾燥が早く、長期の保存に耐えられませんが、無駄がなく大変便利なものです。製造後1か月以内に使いきって下さい。アートクレイのほうはもう少し長持ちしますので(6か月程度)、必要に応じて使い分けていただければよいでしょう。

用意するもの
1. 長方形の付箋紙
2. 厚紙のたんざく
3. 純銀粘土シリンジ
4. 純銀粘土シート
5. 純銀板
6. 釉薬
   (プルシャンブルー、レモンイエロー、エメラルド)
7. ミラクルグルー
8. 金切りバサミ
9. 刻印
10. 銀線ピンセット
11. ホセ
12. ステンレスブラシ
13. カッター
14. 定規
15. 太サインペン
16. ラップの芯
17. 下敷き
18. クッキングシート
19. 台紙

1 縦長の付箋を指に巻き、指輪のサイズを測ります。のりしろ部分を5mmとると、全長が6.3cmになりました。

2 幅1cm、長さ6.3cmの帯を純銀板から切り取ります。その銀板をなまします。

3

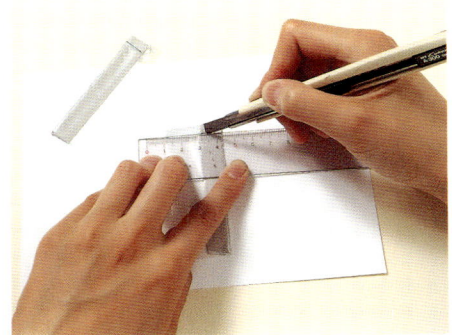

純銀粘土シートのビニール袋の上から、サインペンでベースになる銀板より大きく、1.2cm×7.2cmの線を引き、ビニールごとカッターで切ります。ビニールの片面を銀線ピンセットでゆっくりとはがします。残った粘土シートはラップにくるんでビニール袋に入れましょう。シートはすぐ乾燥するので、できるだけ早く使いきりましょう。

4

はがしたシートの上に、銀板を前後左右均一にすき間を空けて載せます。浮かないように軽く押さえます。太いマーカーペンの軸を利用して、銀板が内側になるように指輪のサイズに巻き付けます。合わせ目の部分にあたるビニールははがして下さい。巻けたら粘土シートの外側のビニールを静かにはがします。

純銀粘土でシートを作る

粘土シートが手元にない場合は純銀粘土をシートにします。

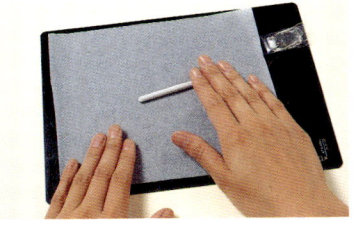

1 下敷きの上にクッキングシートを敷き、その上でビニール袋から出した粘土を7センチほどの紐状に均一に伸ばします。

2 クッキングペーパーで紐状の粘土を挟み、両端に厚さ1mmの厚紙を置きます。

3 ラップやホイルの芯などをローラーにして転がし、均一に伸ばします。

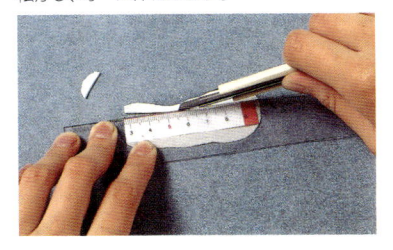

4 表面のクッキングペーパーをはがし、必要な指輪の長さにカッターで切り取ります。

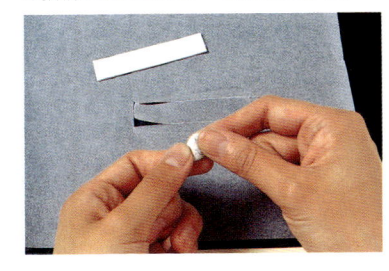

5 残った粘土はもう一度丸めて使えますが、乾燥するので早く使いきってしまいましょう。保存する場合はラップにくるんでチャック付きのビニール袋に入れ、中に霧を吹きかけて湿らせておきます。

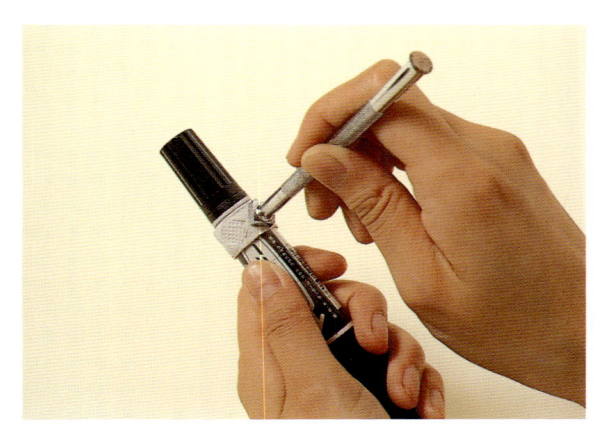

5 すばやく刻印を押して模様をつけますが、あまり強く押すと粘土シートが破れるので気をつけましょう。

6 ペースト状の純銀粘土が入っているシリンジでケーキのクリームを絞り出す要領で模様を描きます。ベースから心持ち浮かすようにするときれいに描けます。

7 自然乾燥で一日以上置くか、ドライヤーの乾燥の場合は10分くらい熱風を当てて完全に乾燥させます。

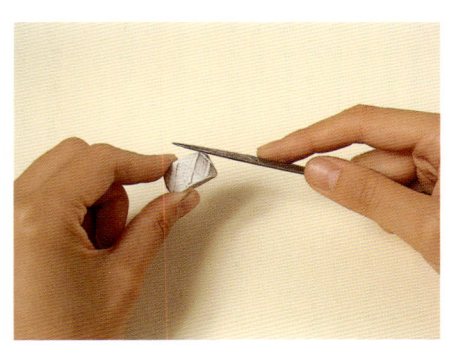

8 目の細かいヤスリで指輪の縁のバリを整えます。銀化していない粘土のうちに作業すると手間が省けます。

9 タイマーを12分にセットして焼成します。

10 タイマーが切れたらすぐに取り出し冷まします。指輪全体が白っぽく粉を吹いたように艶がありません。ステンレスブラシでこすって磨くと、銀の輝きがでてきます。

11

次に彩色をします。ミラクルグルーを指輪に塗りながら、レモンイエロー、ブルー、エメラルドグリーンをひし形の模様の中に塗り入れます。あまり厚く塗らないこと。裏釉薬がないので厚すぎると割れてしまいます。塗り終わったらドライヤーで乾燥します。

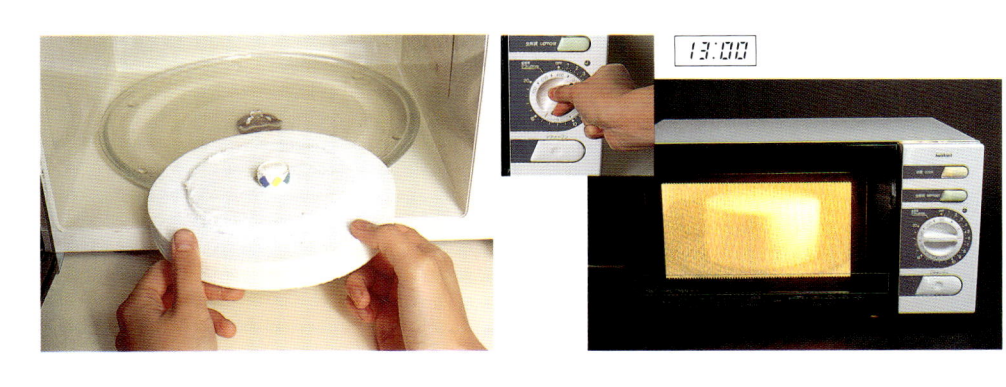

12

キルンに載せて電子レンジで13分焼成します。

13

焼成直後です。
まだ色が出ていません。

14

冷めたらステンレスブラシでもう一度磨いて、銀の艶を出しましょう。

15
できあがりました。

銀を着色する

銀はそのままでも美しい色ですが、しっとり落ちついたいぶし銀にするにはムトハップ（六十ハップ）に浸します。硫黄の匂いがする液体で、汗疹予防等に使われているものです。薬局で手軽に買うことができます。

着色した銀（左）と着色していない銀（右）

1 銀素地がそのまま残っている七宝を重曹で洗います。ハブラシに重曹をつけて表面をこすります。そのあと水洗いをします。

2 バットに熱湯10に対してムトハップ1の割合で溶液を作り、わりばしで七宝を入れます。しばらくつけておきます。

3 表面が黒くなったら溶液から出して水洗いします。

4 布に金属磨きをつけ（ここではピカールですがウイノールでもよい）、磨いて下さい。黒光りしたいぶし銀ができあがります。

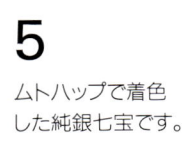

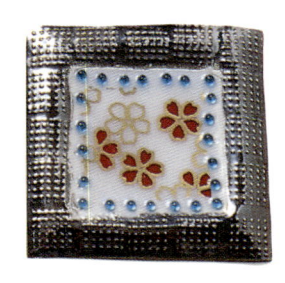

5 ムトハップで着色した純銀七宝です。

銀七宝釉薬の色

中央の銀用白透と合わせて
13色の釉薬を使っています。
12色の基本色から、重ね焼きや
釉薬の皿合わせをすることによって
53色のバリエーションに増やす
ことができます。

T：トランスペアレント＝透明
O：オパック＝半透明または不透明

ジェイドグリーン　O
ホワイト　O
エメラルド　T
レモンイエロー　T
トルコブルー　T
クロームイエロー　O
プルシャンブルー　T
レッド　O
ブルー　T
サンゴルビー　T
パープルグレー　O
パープルミスト　T

銀用白透

重ね焼き

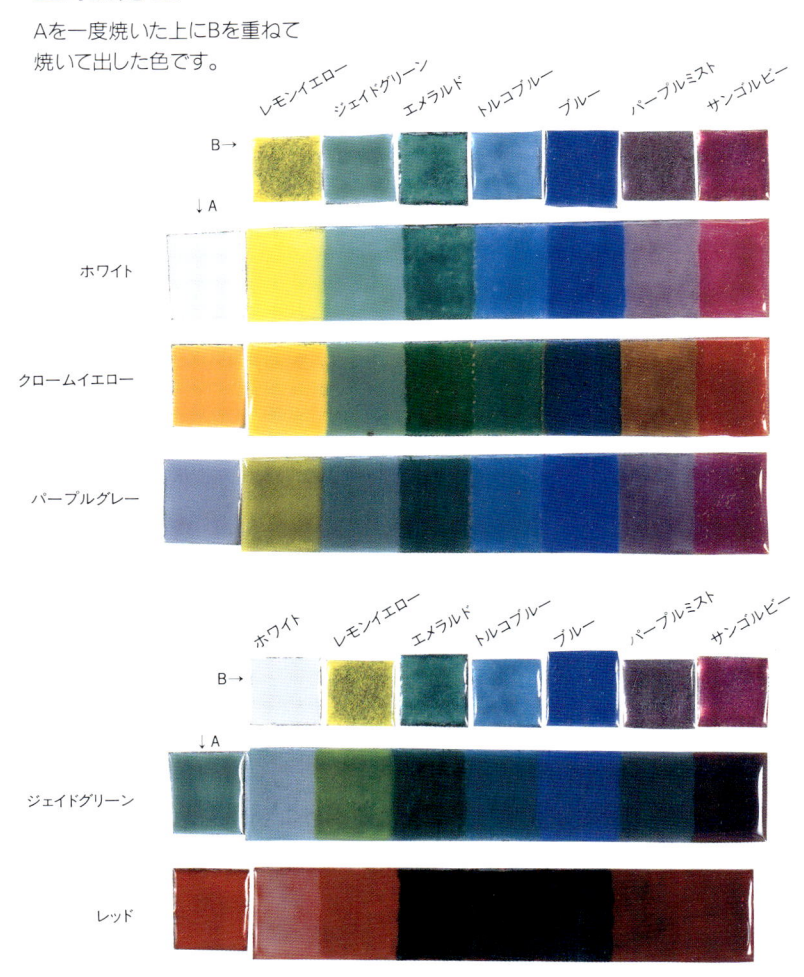

Aを一度焼いた上にBを重ねて
焼いて出した色です。

B→ レモンイエロー／ジェイドグリーン／エメラルド／トルコブルー／ブルー／パープルミスト／サンゴルビー

↓A

ホワイト

クロームイエロー

パープルグレー

B→ ホワイト／レモンイエロー／エメラルド／トルコブルー／ブルー／パープルミスト／サンゴルビー

↓A

ジェイドグリーン

レッド

皿合わせ

釉薬を同量（1：1または1：1：1）によく混ぜ合わせて
新しい色を作ります。両端の色を混ぜた色が中央になります。

モーヴ
ブルー ── サンゴルビー

アメジスト
トルコブルー ── パープルミスト

オレンジ
サンゴルビー ── レモンイエロー

ゴールドブラウン
パープルミスト ── レモンイエロー

クロームグリーン
エメラルド ── レモンイエロー

グリーングレー
パープルミスト ── レモンイエロー

ブルー

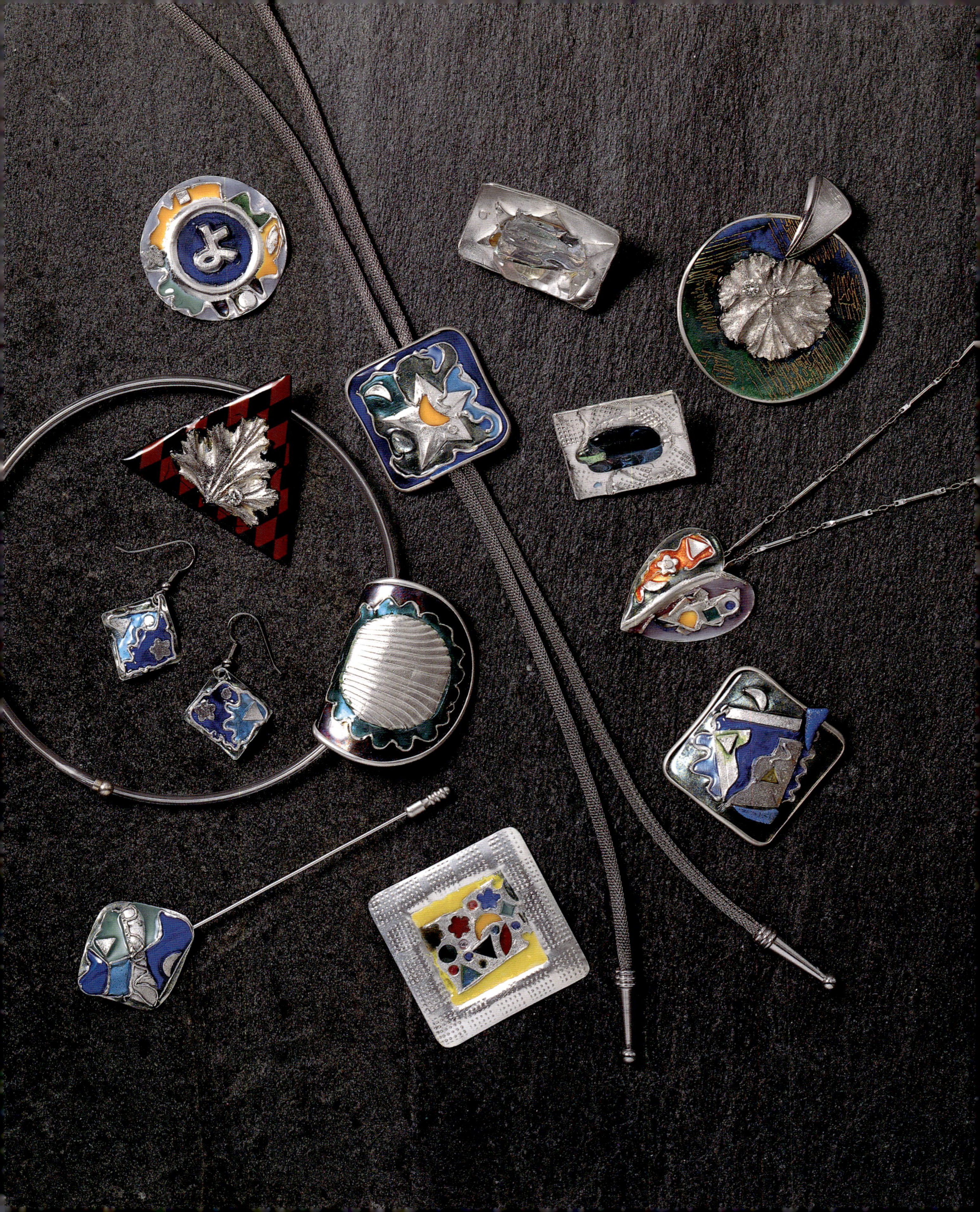

応用編

慣れてきたら、オリジナルのアクセサリーに挑戦してみてください。

純銀粘土の応用（前頁）

1　ミルフィオリを埋め込むフロッタージュの金型（23ページ）を使って、粘土シートに文字をくり抜き、七宝に焼き込みます。
2・7・8・9・11　粘土シートを切り抜き、銀七宝に焼き込みます。
3・5　真ん中を切り抜いた銀板に粘土シートを貼り、切り込みを入れて一度焼成します。次にガラスのかけらを立てて穴に入れもう一度焼成。キルンの中で40～50分徐冷が必要です。
4・6　粘土シートやシリンジの洗いかすを小さな容器に溜めておくとペーストができます。このペーストを本物の葉に裏から塗り重ねて焼くと、銀の葉ができます。焼成前にポンスで穴を開け、キュービックジルコニアを埋め込みます。このジルコニアは800℃で焼いても変色しません。
10　刻印を使って作った銀板（18ページ）に純銀粘土シートの型をくり抜いた残りを貼り付け、焼成します。その中に釉薬を埋めてもう一度焼成。

プリント銀板の応用（次見開き左頁）

1　プリント銀板をたたんで裏釉を焼成し、次に銀用白透をふりかけて焼きます。白のガラス棒に3ミリ幅にカットした銀板を巻き付け、ガラス棒と一緒に焼成し、熱いうちに折り曲げます。
2　純銀板に純銀ペーストをランダムに塗り、焼きつけてから釉薬を塗ります。
3　巻き貝型にプリント銀板をカットして、ボールペンでエンボスします。
4・5　プリント銀板を紙のようにクチャクチャに丸めて、銀用白透を振りかけて焼成します。
6　プリント銀板にガラスチップを焼き込みます。
7　七夕飾りのように渦巻きに銀板をカットして、釉薬を振りかけて焼成し、熱いうちに持ち上げます。
9・10　フロッタージュした七宝に、ガラスチップを焼き込みます。

そのほか（次見開き右頁）

11・15　鉄瓶の上蓋の縁と胴を使ってフロッタージュして形を作ります。15はBBふくりんを巻いています。
12　有線とデカルケを使います。
13　七宝の表面にシリンジで模様を描き、再度彩色。
14　面相筆の軸に3ミリ幅にカットした銀板を巻き付け、軸からそっと抜きます。銀板の切りクズの上にガラスのかけらを載せて焼きます。もう一度、らせん状の筒に焼いたガラスを載せてフュージングします。中に針金を通して、ブレスレットに。
19　銀板にポンスで穴を開け、2本どりにした銀線を編み込んで焼成します。

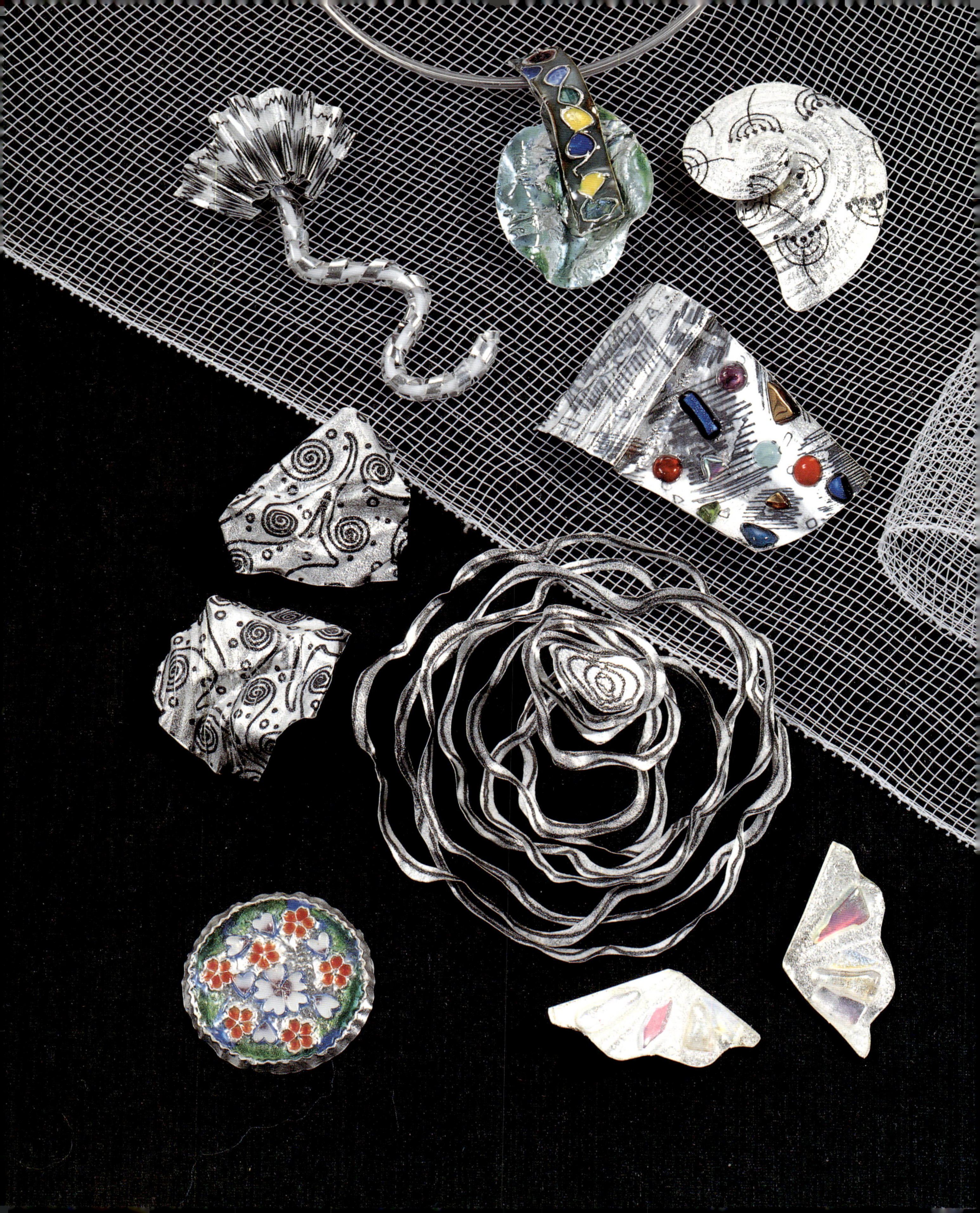

長谷川淑子〈はせがわ・よしこ〉

大阪生まれ。京都教育大学西洋画科卒業。京都工芸指導所で七宝を学ぶ。1970年から現在まで、国内、海外（バーゼル、ウィーン、リモージュ、北京、台北、ニューヨーク、ロスアンゼルス、ヒューストン、ツーソン、シカゴなど）で個展、グループ展多数。

76年、シルクスクリーンを七宝に焼き込む研究を始める。85年、漆を七宝の表面に塗る「うるしっぽう」を開発。89年、不思議な輝きをもつ「きらえくら」を発表。91年よりガラス胎七宝（ヴィトレマイユ）の研究を始め現在に至る。95年、和紙に七宝、ガラス、メタル、きらえくらなどを漉き込む「アントルパピエ」を開発。

著書『七宝焼』、『新しい七宝』、『七宝ア・ラ・カルト』、『ガラス胎七宝』、『電子レンジでガラス胎七宝』、『電子レンジで銀七宝』、『ゆきんこでガラス胎七宝』、『七宝アクセサリー』、『七宝クラフト』（いずれも美術出版社から刊行）

vitrema@guitar.ocn.ne.jp
http://www.glass-shippo.com
長谷川七宝工房
〒113-0021 東京都文京区本駒込6-5-5
tel 03-5976-5481／03-5976-5491

たのしい七宝焼 5
電子レンジで銀七宝

発行日	2003年7月15日
著者	長谷川淑子©
発行人	大下健太郎
編集人	田中為芳
発行	株式会社美術出版社 東京都千代田区神田神保町2-38 稲岡九段ビル8階 〒101-8417 Tel. 03-3234-0942［編集］ 　　03-3234-2151［営業］ Fax. 03-3234-1365 振替00150-9-166700 http://www.bijutsu.co.jp
印刷・製本	株式会社サカエ
写植・版下	株式会社ゆとりある
装幀	吉田カツヨ（吉田デザイン事務所）
本文デザイン	山口至剛デザイン室
撮影	新井 聰

Printed in Japan
ISBN4-568-14084-6 C3072

＊本書は「Hobby Days」シリーズとして1998年4月に刊行された『はじめての七宝焼2・電子レンジで銀七宝』を改装したものです。